文史哲學集成

鄭樑生著

中日關係史研究論集(九)

文史哲出版社印行

國家圖書館出版品預行編目資料

中日關係史研究論集. 九 / 鄭梁生著. -- 初
版. -- 臺北市：文史哲, 民 88
面； 公分. --(文史哲學集成；409)
含參考書目
ISBN 957-549-193-9(平裝)

1.哲學 - 日本 - 論文.講詞等

131.07 88002456

文史哲學集成 ⑩⑨

中日關係史研究論集(九)

著　者：鄭　梁　生
出版者：文　史　哲　出　版　社
登記證字號：行政院新聞局版臺業字五三三七號
發行人：彭　正　雄
發行所：文　史　哲　出　版　社
印刷者：文　史　哲　出　版　社
臺北市羅斯福路一段七十二巷四號
郵政劃撥帳號：一六一八〇一七五
電話 886-2-23511028 · 傳眞 886-2-23965656

實價新臺幣 四五〇元

中華民國八十八年三月初版

ISBN 957-549-193-9

中日關係史研究論集(九) 目次

序

本論文集收錄本人有關中日關係史研究的篇什，這些作品大抵於近來在國際學術研討會中宣讀，或發表於國內外之報章雜誌的研究短篇集結而成。前四篇探討日本中世禪林的華學研究，其次爲考察《四書》與其相關圖書東傳日本的狀況，再次爲介紹一九六八年諾貝爾文學獎得主川端康成的生平與其著作的創作過程，末篇則評介日本研究中國水利史的泰斗森田明博士所著《清代水利社會史研究》。

釋教雖於東漢時傳到中國而爲中國人所接受，且在洛陽建築白馬寺，從而逐漸傳布於全國各地，成爲中國民間信仰的主要宗教之一，終於和中國傳統思想的儒教、道教思想鼎足而三，對中國人的思想、信仰之影響至深且鉅。佛教東傳中國以後，不僅影響了儒、道兩教，也受到儒、道兩教的影響。中國僧侶在初時雖只主張儒、釋不二，但至後來，卻也認爲儒、釋、道三教俱爲勸善懲惡，明德見性，在教化世人方面有殊途同歸之功。倡導三教一致在宋代已成爲禪林的風潮。這種風潮，也隨禪宗之東傳，日本禪林亦持此一見解。華僧之所以倡儒、釋、道三教一致，乃肇因於儒者之排佛而有自我擁護之需要。但日本則幾乎完全未受到壓迫與攻擊，所以無須如此，只要專心致志於弘揚佛法即可。然他們卻仍與華僧一樣，發表有關儒、釋兩教，或儒、釋、道三教一致的言論。惟日本禪林發表這種言論的目的與中國禪林不盡相同，在日本乃完全將它視爲一種嶄新的理論，或將它視爲教化世俗的方便手段之一。更由於他們身爲僧侶，卻致力於釋教以外的學問研究而有本末倒置之概。因此，本《論集》首篇〈日本五山禪林的儒釋道三教一致論〉，即是探討日域中世禪林對此一理論的見解與其開展問題。

《論語》〈述而篇〉引孔子之言謂：「加我數年，五十以學《易》，可以無大過矣」。《史記》〈孔子世家〉則謂：「孔子晚而喜《易》〈序〉、〈彖〉、〈繫〉、〈象〉、〈說卦〉、〈文言〉，讀《易》，韋編三絕」。可見孔子喜愛《易經》之一端。前漢儒者雖以專攻一經爲原則，然至後漢，《五經》兼修之風起，尤其鄭康成在〈六藝論〉中言：「《易》者陰陽之象，天地之所變化，政教之所生」而加以重視；劉歆更以《五經》爲教導仁、義、禮、智、信五常者，而將《易經》置於諸經之首，以說五常之源──人的道德根源與宇宙原理後，《易經》的地位更居於其他四經之上。此一情勢更與孔子之崇《易》相結合，致此種觀念成爲日後儒學之傳統。如據史乘的記載，奠定宋代性理學之基礎的周敦頤曾參黃龍慧南學禪，張載、程顥、程頤等亦早歲曾學禪而皆能究其底蘊。至於集宋代性理學之大成的朱熹，也曾隨大慧宗杲、開善道謙等禪師參禪。此四子雖俱受禪宗影響，卻間有排佛的言論，但以明教契嵩、北磵居簡、癡絕道沖、無準師範等儒學根柢深厚的禪僧們卻不以爲忤而接受宋學。因此，不僅宋學受到禪學影響，宋學也影響了禪學。於是在宋學、禪學相互影響下，宋代以後的禪僧多對宋學有相當造詣。而華僧喜愛宋學的傾向，也隨禪宗之東傳傳到日本。本《論集》第二篇〈日本五山禪林的《易經》研究〉，首言日本中世禪林的易學觀，次舉他們閱讀的易學關係圖書，然後探討他們對易學的理解，與其將研究心得應用於日常布教和社交方面的情形。

由於宋學的奠基者周、張、程諸子與其集大成者朱子等人都曾經學禪，而宋學與禪之教理靈犀相通，其作實修的居敬窮理復與禪之打坐見性有一脈相通之處，故能讓禪僧們易於理解，且能使他們有親近感。周、張、程、朱諸夫子容或有排佛的言論，但明教契嵩、北磵居簡、癡絕道沖、無準師範等宋代禪僧們卻言儒佛不二，三教一致論，採取包容儒學的立場。所以南宋時的禪林研究儒學，尤其研究宋儒學說的風氣頗盛。復由於禪宗是在宋學風靡於學術界、思想界的南宋以後東傳日本，因此中國禪林的這種風尚之隨著禪宗東傳而在日本傳播，乃自然趨勢。日本禪林之研究儒學者甚夥，鑽研《中庸》者亦頗不乏人，其研究成果也頗有可觀。他們的論述雖多祖述宋儒之意，然身爲外國人而有此成就，其所下功夫自不難想像。故本《論集》第三篇〈日本五山禪林的《中庸》研究〉，即以他們對儒學的研究，尤其對「中論」、「性情論」所表示之見解爲例，以概觀其根據朱晦菴之說所爲《中庸》研究，與其發展情形。

日本中世禪林對外典所表示之關心，並不侷限於儒學關係的典籍，也還及於史書與諸子百家，而其研究成果之各有值得特書之事，只要批閱景徐周麟之《翰林胡蘆集》十七卷，以心崇傳等之《翰林五鳳集》六十四卷，上村觀光之《五山文學全集》五冊，玉村竹二之《五山文學新集》七冊，及其他五山禪僧之詩文集即可獲得佐證。就老、莊關係之漢籍而言，他們不僅作深入探討，且使它們與禪之思想結合，遂給當時的日本文化以莫大影響。《老子》、《莊子》之究竟於何時經由何人之手東傳日本，雖已不可考，惟從聖德太子於西元六〇四年制訂的「憲法十七條」之引用《莊子》，七世紀十年代完成的《三經義疏》之引用《老子》的情形觀之，至遲在六世紀末已被傳到日域。老、莊隱逸消極的思想雖不受當時日本當政者之歡迎，卻隨著唐、日交通之發展，給日本知識階層之精神生活造成相當之影響。迄至平安末期，當末法思想風行，天災人禍接踵而來之際，想要逃離現實社會的思想便昂揚起來，想早日「厭離穢土」的念頭更加濃厚。由於中國禪宗很早就與老莊思想習合，且又採納儒家思想而發展成爲最中國的佛教宗派，至宋代而這種傾向更爲顯著。職此之故，本《論集》第四篇〈五山禪林の老莊研究〉，即根據上舉禪僧們之文集、日記，及其他文獻中查尋有關老、莊的紀錄，並予綜合，以探求日本中世禪林對老、莊所表示之關心，與他們所受老、莊思想之影響。

如據《古事記》、《日本書紀》等史乘的記載，《論語》一書早在三世紀八十年代，由僑居百濟的漢室後裔王仁攜往日域，成爲儒家經籍由官方東傳之嚆矢。《大學》、《中庸》、《孟子》三書究竟於何時由何人東傳？因未見載籍，故已不可考。隋唐時代的日本當局除派使節來華外，也派許多留學生與留學僧西來學習中國文化或佛法，更模仿中國的典章制度實施「律令政治」，其在教育方面則在中央設「大學」，地方設「國學」，課程內容與教材和唐制並無兩樣。在此情形之下，研讀儒家經籍便成爲日域人士步入宦途的敲門磚。因此，在貴族之間莫不以中國圖書爲尙，商賈們如對達官貴人有所要求而饋送禮物時，往往以漢籍相贈。在有明一代，中、日兩國雖有官方往來，日方在當時也曾再三向明廷要求賜與內外典，其國書與書單俱被收錄於釋瑞溪周鳳所輯《善鄰國寶記》之中，惟那些書單裏並無《四書》類。至當時來華使節所留下之紀錄如：吠雲清三《入唐記》，策彥周良《初渡集》、《再渡集》的情形亦復如此。當時的中、日兩國往來，除持有明廷發給之勘合的代表官方之船隻外，尚有許多民間船舶接跡於海上。惟那些民間船舶無非干犯海禁者，所以即使它們曾將漢籍運往日本販售，也因史料闕如而無從查考。迄至清代，雖亦有過海禁之事實，不過每當那些中國船隻抵長崎時，都留有詳細記載其所運貨物之明細表而圖書類亦然。當時輸往日本的圖書，除清代由商舶運往而東傳年代明確者外。尚有不少成書於明清時期者在明朝成立以後被傳至日域。因此，本《論集》第五篇〈佚存日本的《四書》與其相關論著〉，即以日本大庭脩教授之研究成果為基礎，並根據尊經閣、宮內廳、內閣文庫等日本國會圖書館各分館所庋藏之圖書作為探討對象，考察《四書》與其相關著作佚存日本的梗概。

川端康成是日本第一位獲諾貝爾文學獎的作家，其得獎作品《雪國》，被譽為「以卓越的感受性與巧妙的筆法，表現了日本人之心靈神髓」。川端的作品，此間翻譯出版的不少。他本人也曾於民國五十九年六月來臺，參加在臺北召開之第三屆亞洲作家會議。（當時臺北《國語日報》副刊〈書和人〉第一三七期，特由王天昌、蔡華山合寫〈川端康成的文學生活〉，有其作品繫年及簡介。此一篇什後來被收入該報刊行之《書和人》第七冊。）但誰也沒想到他竟於民國六十一年四月十六日，在其距鎌倉住處不遠的逗子之工作場所——瑪麗娜公寓，以煤氣自絕。他對於文學寫作之專一精誠，世所罕見，以此結束生命，實在令人感歎。川端固為日本小說家，只因此間有不少人讀過其作品，他本人也曾來臺參加亞洲作家會議，更由於國立歷史博物館曾於民國六十二年舉辦過其作品與所獲諾貝爾獎章與獎狀等的展覽，故可謂與臺灣有淵源。所以本《論集》第六篇〈川端康成的生平與著作〉，即是對此一代文豪的生平與其每一作品的創作過程，社會活動，生死觀，以及日本作家的自殺傳統作一番介紹，以饗讀者。

森田明博士是當今日本研究中國水利史的傑出學者之一，他曾於民國七十四年三月至八月之間，以大阪市立大學在外研究員身分，至臺北中央研究院民族研究所從事學術研究。森田以爲：當要從事中國之政治、社會、經濟各方面的歷史研究時，中國水利史研究便成爲極其重要而且有效之途徑。由於水利灌溉、治水等事業無法單獨實施，它們必須與歷史的自然環境，社會經濟方面的問題密切配合，方能進行，所以透過中國水利社會史之個別研究，方纔有可能將各時代的政治、社會、經濟等各層面，或中國社會之歷史的特質加以闡明。基於這個觀點，森田教授曾撰著《清代水利史研究》，以探討華中、華南（含臺灣）各地的水利組織之地域性形態，並探究那些作爲水利組織之結構與其基本特性。後來又撰著《清代水利社會史研究》一書，將環繞於水利而形成之地域性社會問題，及補充未成爲《清代水利史研究》之地域對象的華北之水利組織，作地域性的、特性的闡明。並於卷末附〈救生船〉、〈清代水手結社的特性〉兩篇什，以爲〈附篇〉。因此，本《論集》末篇〈森田明與其《清代水利社會史研究》〉，即是對其《清代水利社會史研究》這部鉅著作一評介。此一篇什的內容雖未涉及中、日兩國關係史的領域，只因森田本人曾經來臺從事學術研究，其《清代水利社會史研究》已被譯成中文，由國立編譯館出版，並且他在此間有不少學術界朋友，故特將其附錄於此。

以上各文雖獨立成篇，且難免有筆者學思疏漏之處，但若能有助於瞭解日域中世禪林研究華學的情形，與其作家對創作執著的態度，以及中國文化東傳以後在彼邦發展的情形，便已達到刊行本《論集》的目的了。

一九九九年歲次己卯初春　**鄭樑生**　識於淡江大學歷史學系

日本五山禪林的儒釋道三教一致論

一、前言

筆者曾以〈日本五山禪僧的儒釋二教一致論〉①為題，探討由京都天龍、相國、建仁、東福、萬壽五寺；鎌倉建長、圓覺、壽福、淨智、淨妙五寺；及五山之上的京都南禪寺為中心之日本五山禪林有關儒、釋兩教一致的主張。該文除探討中國禪僧之儒教觀與日本禪林之儒、釋二教一致論的開展外，更從「修身」、「中庸」、「心性」、「仁」等方面來考察日本禪林對它們的看法，從而得知那些禪僧對這些問題的見解多與儒家所說者相仿，或祖述宋儒的主張，但某些地方則有其獨到看法。此外，也有人認為：儒、釋兩教，同理異迹而一致，或在孝方面的觀點一致。

惟當此二教一致論發展到某一程度時，在另一方面竟又興起儒、釋、道三教一致論。此三教一致論並非肇始於日本禪林，早在唐代華僧之間已開始萌芽。當禪宗於南宋時代東傳日域以後，隨著二教一致論的開展，在日僧之間也有人倡導三教一致的主張。職是之故，本文擬就此三教一致論問題作一番考察，並求諟正。

二、華僧的三教一致論

釋教雖於東漢傳到中國，而為中國人所接受，且在洛陽建築白馬寺，從而逐漸傳布於全國各地，成為中國民間信仰的主要宗教之一，終於和中國傳統思想的儒教、道教思想鼎足而三，對中國人的思想、信仰之影響至深且鉅。佛教東傳中國以後，不僅影響了儒、道兩教，也受到儒、道兩教的影響，於是在中國遂產生儒、釋、道三教一致思想。此三教一致思想之淵源雖可回溯到佛教東傳之初，及東傳以後不久的三國時代，②惟在初時並未言儒、釋、道之三教一致，其最原始的是釋、老兩教一致論。

因自西漢董仲舒於武帝時倡罷黜百家，獨尊儒術以後，不僅有五經博士之設，且經鄭康成等人之注經，及研究儒學者輩出，遂造成兩漢儒教之全盛時代。故無論老莊思想或佛教思想，也都蟄伏於其前而未能有所發展。迄至後漢滅亡，經三國分裂局面，到魏、晉六朝時代，自漢以來一枝獨秀的儒學竟墜於訓詁而失其領導力量。在此情形之下，老莊思想抬頭，清談風氣瀰漫於學術界，以老莊思想解說《周易》的王弼之《易注》六卷問世，實象徵了此一時代之傾向。於是佛教乃為喜愛老莊思想的時代所迎接，並以之為媒介來說明空觀。至東晉釋道安出，在研究般若方面有劃時代的成就。及鳩摩羅什於後秦時至中國，在譯經方面留下不朽業績，闡明了佛教與老莊思想之不同處，遂言佛教具有比老莊思想更深遠之哲理。職是之故，前此幫助理解佛教的老莊思想遂非居於佛教之下不可。於是老莊學者為維護自家，也非據佛教之哲理以改造老莊之解釋不可。在此情形之下，老莊與佛教之間的關係便主客顛倒，而老莊遂逐漸佛教化。③結果，在佛教嚴密影響下，道藏遂告成立。至於道教方面之所以有《化胡經》，不外乎針對佛教而欲主張自家之主體性的掙扎而已。而此《化胡經》實可謂爲由道家方面所提之佛、道一致思想。但無論如何，在中國南北朝時代，佛教與老莊思想的融合實有更進一步之開展。

迄至唐代，儒、釋、道三教相互對峙，彼此都想影響對方，結果，不僅釋教給儒、道兩教以影響，儒、道兩教也給釋教以影響。但此事誠如武內義雄與芳賀幸四郎兩位教授所說，佛教之所以有教相判決，乃受中國經學之影響。④如據芳賀幸四郎教授的研究，無論天台之空、假、中三諦，或一念三千之法門，華嚴之法界無盡緣起之世界觀，眞言之三密瑜迦之現法，尤其禪之直指人心，見性成佛之法門，雖都萌芽於印度，但它們並非印度佛教之本來面目，乃是受中國士大夫之影響的中國式佛教。禪裏確有受老莊思想之影響的跡象，然其思想體系之博大與理論之深遠，實爲儒、道兩教遠不及者。與此相對的，在佛教方面成立了天台、眞言、禪、淨土諸宗，各宗派都高僧相繼出現而造成佛教的全盛時代。而皇帝及各階層官吏之皈依佛教者亦復不少。惟因佛教係外來宗教，故在國粹論者或在儒者之間，有時難免會出現排佛的言論。這種現象，如就漢民族之中華思想言之，乃是自然趨勢。⑤如從反面來說，儒者之所以會發起復古運動，實爲理所當然之事。如衆所周知，倡文章之復古運動的，也是主張排佛的，其代表人物，就是韓愈與歐陽修。由於韓愈、歐陽修等人的極力倡導，此一復古運動便昂揚起來。韓、歐陽以後，周敦頤、張載等人出，他們爲使儒教具有不亞於佛教、道教之博大精深的思想體系，乃以《周易》、《中庸》爲其軸心來奠定儒家的思想體系。惟如單憑《周易》、《中庸》作其軸心來開展，並不充分，故乃攝取老莊思想與大乘佛教之哲理，從而組成新儒教之形而上學的體系，此即爲宋學。⑥宋學乃儒教之恢復其主體性的運動，如從另一方面言之，則是排佛運動之成果，但也可說是從儒教方面開展的攝取佛教的運動之成果。⑦不過，此一運動成功以後，卻成爲儒者從事排佛運動之理論根據。在宋代，因受外敵的壓迫而民族意識昂揚，故曾興起民族主義運動。而此民族主義運動竟與儒者之排佛運動結合。對佛教而言，此一結合力量對它當然會產生壓力，並且其壓力似有與日俱增之趨勢，在此情形之下，佛教界本身自然也就非謀求因應之道以保護自己不可。如大家所知，宋代的佛教主流爲禪宗，禪宗在宋儒排佛的衝擊之下，便開展其防衛運動。

中國禪林與士大夫之間的關係密切，獲具有儒學修養之王官貴族與士人的皈依與支持、保護，如失去他們的保護，則不僅將失其殷實的經濟後盾，也勢必影響其日後的發展。所以設法保護己教，乃爲其所必需。這就如芳賀幸四郎教授所說，禪僧們雖爲護教而努力，但他們並未從事排儒運動。他們護教的方式，係接近儒教，將儒教引進於自家法財，以謀儒教與自家法財的相互融合，以言儒、釋兩教並非二致，俾使能夠消除儒者對佛道之誤解。⑧

中國禪僧之言儒、釋兩教一致雖始自宋代，但早在唐朝時，張融已在其所著《弘明集》中言：「佛與儒、道，其本同，其迹異。」且在易簀時，左手持《孝經》與《老子》，右手持小品《法華經》云。宋代禪僧之言儒、釋兩教一致者，如於南宋理宗景定元年（文應元年，一二六〇）東渡扶桑，度宗咸淳元年（元世祖至元二年，文永二年，一二六五）回國的兀庵普寧，他在日本期間，不僅歷住京都東福寺，且被其鎌倉幕府執權（職稱）北條時賴迎住於鎌倉巨福山建長寺而向其執弟子禮。兀庵曾教導時賴曰：「憂人不憂己，乃是菩薩用心如此。」⑨又曰：「天下無二道，聖人無兩心，若識得聖人心，即是本源自性。」⑩憂人不憂己，儒教亦言之，「識得聖人心」，則爲宋儒所常言。此乃兀庵取儒、佛之相同處，使之佛教化，以教導時賴者。兀庵曾言儒、釋兩教之一致曰：

儒家亦言：「君子務本，本立而道生。」此本即是自己本命元辰，本來面目。得此本立，方可得道生。本若不立，何緣得道？⑪

此係舉《論語》〈學而篇〉有子所言「務本」之本以爲心性，以爲此本與禪教本來面目同一不二。⑫人之修德，以仁爲主，人以仁存心，則其人對人忠恕，待人有度量分界——禮，又能各得其宜——義。如此，人愛他人，他人亦愛之，其行合乎禮義，在社會上自然無往不通，無事不成；積之既深，身尊名顯，以至無上光榮。反之，其人不以仁存心，則處處爲私欲所累，放鄙邪侈，無所不爲，一旦身敗名裂，取辱無窮。⑬職此之故，爲人者必須自省以辨惑。人能自己檢討自己，見人比自己賢，則思以及之；見人比自己惡，亦自省以避之。⑭因此，宋僧大休正念乃據《論語》〈里仁篇〉所錄孔子「見賢思齊」之言以教導人擇師友之方法曰：

古不云乎，見賢思齊，見不賢而內自省也。蓋學者入衆參問，當求良師。擇賢友，可以資益自己，可以成辦事業，苟循習於庸鄙，日隨下流，久而忘返。所以道親近善友，如入芝蘭之室，親近惡友，如入鮑魚之肆，久久與之俱化矣。⑮

至於自省，便有如曾子之每日三省吾身。曾子爲孔門內聖得其功者之一，其於平日省察之誠，有以致之。曾子對人盡己之力，故每日自省，爲人謀有不忠者乎？交友以信爲重，故每日自省，與朋友往來，有行不守約者乎？受之於師爲傳，習之始足以自立，其道也誠，故每日自省，傳之於師者，習而得之於心乎？⑯此固爲儒者之教，儒者之行，但大休卻以此來教導世俗之人曰：

道人善護念，日三省吾身，何暇閑工夫。⑰

此乃舉《論語》〈學而篇〉所記曾子之語，以言人應傾注全力於省察存養方面。大休既以儒家經典所記內容來教化他人，則其具有視儒、釋兩教不二的意念，自不待言。

兀庵與大休對儒學的看法雖有如上述，但北磵居簡則更說：

大乘之書五部，咸在釋氏，所以破萬法者也。爲《詩》，爲《書》，爲《禮》，爲《易》，爲《春秋》，則聖人所以妙萬法者也。初以《般若》破妄顯眞，則《詩》之變風變俗也。次以《寶積》顯明中道，則《書》之立政立事也。次以《大集》破邪見而護正法，則《春秋》明褒貶，顯列眾，大中之道也。次以《涅槃》明佛性，神德行，則《中庸》之極廣大而盡精微也。次以《華嚴》法界圓融理事，則《易》之窮理盡性也。⑱

而開展其儒、釋不二論。亦即以釋家之大乘五部經典，比匹儒家之《五經》，來說明儒、釋兩教之一致。

華僧在初時雖只主張儒、釋不二，但至後來，卻也認爲儒、釋、道三教俱爲勸善懲惡，明心見性，在教化世人方面殊途同歸。曰：

> 三教聖人，互相出與，各立門庭。示眞實相，無非只要天下人遷善遠惡，明心見性。雖然殊途，究竟同歸一理。⑲

天以性賦人，性之內涵有欲與情。人之遇不足而生欲望，良知辨所需之物，良能動而取之；既得之，則己之欲達，是成己。他人固有欲，我以同類相感而對其生情，是爲同情心。既同情之，則以己之所成施之，是施予，成物。欲爲自己，情爲對人。因此，兀庵雖言儒、釋不二，卻更進一步的主張儒、釋、道三教一致，認爲它們殊途同歸。而他之以儒教爲心性之教的見解，實據宋學而來。

> 捨轉輪位，登妙覺場，衆德大備，十號具足。遊涅槃妙苑，注解脱眞空。出應長舌，相演千品貫花。熙連河示寂，性火自荼毗。獲設利羅，八斛四斗。建窣堵坡，八萬四千，天上天下獨稱尊。大千小千被慈澤，此佛氏之德也。辭魯司寇，歷聘諸國，性服忠信，躬行仁義，刪定《詩》、《書》，繫辭《周易》，修飾《禮》、《樂》，教育人倫，宗先王之道，扶世主之化，雖絕糧於陳，削跡於衛，端居杏壇，弦歌自娛。及乎夢尊兩楹，翛然而逝，古今帝王宗仰，謚號文宣，此孔子之教也。免藏室史，高蹈大方，恥三皇五帝之極治，棄《六經》諸史之陳迹，抱一體乎自然，順物任其自化，窈窈冥冥，其中有靈；恍恍惚惚，其中有精。清淨無爲，恬淡寂寞，尸居而龍見，淵默而雷聲。著《道德》五千餘言，正性命經常之理。終跨青年而西邁，渺遊至神於混茫，此老君之道也。然儒、釋、道三教之興，譬若鼎鼐，品分三足，妙應三才，闡弘教化，

雖門庭施設之有殊，而至理所歸之一致。⑳

此係舉儒、釋、道三教之行歷特色，以言其施教之迹雖異，其理之歸趨卻彼此一致。並且他又更進一步的說：「文、行、忠、信、常、樂、我、靜，清淨無爲，各正性命。三足鼎分兮，乾坤泰定。」㉑又說：「談實相，興禮樂，抱至一，等先覺，覺乎後覺，覺此道於渾沌之前，返澆漓而復於大朴。」㉒在此所舉「文、行、忠、信」，「興禮樂」指儒教；「常、樂、我、靜」，「談實相」指釋教；「清淨無爲」，「抱至一」指老子。此固爲大休和尚之所言，但無學祖元、鏡堂覺圓等高僧所作偈頌，亦有蘊含此一思想者。

在元泰定三年（嘉曆元年，一三二六）東渡日本的華僧竺仙梵僊則說：「諸聖出興，縱橫逆順，皆欲導其歸於是也。故曰：方便有門，歸源無二性。」㉓與竺仙聯袂東渡的明極楚俊更說：

三教聖人，各立本法：儒教，大雅之法，其行端確無邪；釋教，大覺之法，其性圓融無礙；道教，大觀之法，其智廓達無滯，如鼎三足，缺一不可。雖然，且三聖人中那一箇合受人天供養。㉔

此外，清拙正澄也曾說：「天下無二道，西乾東魯之道同也。」㉕，而倡導三教一致。

以上乃從初期禪僧之具有代表性的語錄中，摭拾一見便十分明顯的，有關儒、釋、道三教一致論的文辭。由此可知，這些奠定日本禪宗之基礎的華僧們，曾經原原本本的將宋朝之禪風傳至日域，以言三教，尤其是儒、釋兩教一致的見解。亦即他們所說者，如就「體」相用之範疇而言，儒教、釋教與老子教——道教，它們在根本之理方面，亦即在「禮」方面完全相同，其相異者爲「事」，亦即在

「相」方面。如更進一步的說，就是在「方便」方面。惟得注意的是：當時倡導三教一致的華僧，並非只有上述諸人，乃是宋代禪林之風潮。我們從汾陽善昭、石田法薰、虛堂智愚、中峰明本等人的語錄中，也都可明顯看出反映著這種思想。

三、日僧的三教一致論

前文所說者固爲華僧之三教一致論，但在日本倡三教一致的並不侷限於赴日華僧，在日本五山禪林也有不少僧侶持此一見解。由於儒、釋、道三教一致論係從儒、釋二教一致論開展，故擬先考察其二教一致論，然後探究其三教一致論之內容。

人能齊家，則可以治國。五倫，家得其三——父子、兄弟、夫婦。父慈子孝，兄友弟恭，夫婦和合。推而廣之，慈者所以使衆也，孝者所以事君也，弟者所以事長也。仁爲道之禮，孟子所謂：「仁之實，事親是也」；義爲基於仁「得宜」之行爲，孟子又謂：「義之實，從兄是也。」㉖子對父行仁爲孝，弟對兄守禮爲悌；此爲爲人之本。如前文所說，本立道生。所謂堯舜之道，亦此孝悌而已。人能孝悌，仁而禮義，既不犯上，又不作亂，則天下平。（註二七）因此，無文元選乃從行爲方面論儒、釋兩教之一致。曰：

佛教萬行，以戒爲始，戒則以孝爲本。儒教萬行，以仁爲首，仁亦以孝爲本。是故曰：孝悌也者，其仁之本歟？儒、釋二教，皆尊崇之，我豈不肯行耶？㉗

既然佛教之行與儒教之行都以孝爲本，則此兩教之歸趨自然一致。無文元選的此一說法，當是祖述前舉兀庵普寧之言。

時代稍晚的翺之慧鳳則言：「惟道之在人也，孔、釋雖判，教、禪雖各示吾生，故期爾明之極，則靡弗大同矣！」㉘又：

貞正者，不失其中之名也，苟物守其貞正，則必中焉，日月居其貞正，則必中焉。故曰：中者天下之大本也。大本也者，貞正之謂也。夢溪大師向明上座，道箇不思善，不思惡，只是大本也。㉙

此不外乎表明其儒、釋不二之立場。在翺之的言論中值得注意的是：他曾以《周易》所謂太極爲禪之父母未生以前的本來面目之同實異名。曰：

太極者，無極也，是周春陵發明易道以嘆之之言也。天地未判，陰陽未兆，謂之太極乎？父母未生，混沌溟濛，謂之太極乎？是實難言。周家之老，纔以無極兩字註之。德山棓之，臨濟喝之，禾山之鼓，石鞏之弓，只註箇太極兩字。㉚

由此觀之，翺之係以德山之棓，臨濟之喝，禾山之打鼓，石鞏之「看箭」爲註周敦頤之無極與太極者。而此話無非在說明儒、釋兩教之一致。

《善鄰國寶記》的編著者瑞溪周鳳亦曰：「曰釋，曰儒，假也，妄也，不二境中，何異之有？」㉛景徐周麟則謂儒、佛之差異只是來自地理環境者之方便上的差異。曰：「古人所謂：孔子生西方，設教如釋迦；釋迦生中國，設教如孔子者，曉其道之無二也。」㉜又曰：

佛之言性，其體大而無外，天地人物從此出，與《易》有太極而生兩儀、四象、八卦，其旨相合者也。太極則佛所謂性也，但有聞而論之，與見而說之之異也。㉝

以上所舉者乃日本禪林之二教一致論，但虎關師鍊卻認爲不僅儒、釋兩教一致，儒、道兩教亦一致。曰：

夫儒之五常，與我教之五戒，名異而義齊，云云。儒、釋同異，只是六識之邊際也，至七八識，儒無分焉。㉞

夫至理者，天下只一也，何也？正也，道合則離異域如符契，武王之製武也，先儒者百餘年，而致右憲左，其禮相同。蓋君臣之間，其教皆同，是其正也。㉟

此言儒、釋兩教相同而迹異。又曰：

夫道者，理也；迹者，事也，儒之斥老莊者迹也，其道不多乖矣。有仲尼之質而言玄虛者，老莊也；有老莊之質而言名教者，仲尼也。㊱

此則言儒教與道教之本源相同而迹異。既然儒教與釋教相同，而儒教與道教又無異，則儒、釋、道三教自然一致。

在元代來華學佛的日僧雪村友梅，也持有與虎關相同的見解。他曾於學成東歸後說：

天下無二道，聖人無兩心。心也者，周乎萬物而不偏，卓乎三才而不倚，可謂大公之言，中正

之道也。竺土大仙證此心而成道，魯國先儒言此道而修身，以至治國平天下。㊲

先儒之道，以人生哲學爲中心，其思想體系可於《大學》八條目見之；人生之目的爲至善境界，人欲達於此種境界，其努力之層次爲：正心、修身、齊家、治國、平天下。修身，先儒視爲作人之基礎，所謂「內聖」之工夫，自天子以至於庶人所當務之本。蓋修身之後，可以「外王」，居家則齊，爲國則治。㊳亦即雪村引《大學》〈經一章〉所謂：

古之欲明明德於天下者，先治其國，欲治其國者，先齊其家，欲齊其家者，先修其身，欲修其身者，先正其心，欲正其心者，先誠其意，欲誠其意者，先致其知，致知在格物。

來說明儒、釋兩教之一致。因此，他在前舉文字之後接著又說：

致知格物之理，若非統此而全之，其成功也難矣哉。故知道之所在，在天下則天下重，在一芥則一芥重。舜何人也，睎之則是妙悟玄契，何所往而不重也哉！㊴

由前引文字觀之，雪村乃是將《大學》之明明德，與禪之見性結合而發此言。並且他認爲如欲達到此一地步，必須以學、思作其工夫道程。曰：

土居毓丈之地，思所以學，而不懈于心。學之不足，則思之；思之不足，則勉焉啓發，而期臻妙而後已。士而不希顏，塞其實耳。㊵

此舉《論語》〈學而篇〉所記：「學而不思則罔，思而不學則殆」之語來抒己意。雪村既認爲儒與老莊一致，又倡儒、釋不二，則他之具有釋、老一致的見解，自不待言。據此以觀，他之懷有三教一致

思想，實不難推知。㊶

在日本初期禪僧中認爲儒、釋、道三教同理異迹者，除虎關師錬、雪村友梅外，尚有天祥一麟、惟肖得巖等人。天祥說：

魯國孔丘周老聃，就中添箇竺瞿曇。雖然立教有同異，三即一兮一即三。㊷

惟肖則說：

夫三聖人設教之迹弗同，而治心之方歸一者，前達之論，浩如烟海。㊸

又說：

合歸于一劈成三，唐梵云云付口譚。更有主人無面目，傳言贈語彼司南。㊹

上舉諸人雖俱爲名聞一世的禪僧，卻都認爲儒、釋、道三教一致而可以兼學，影響所及，發出此一論調者自然源源不絕。例如前舉景徐周麟，他非但言儒、釋兩教不二，更倡儒、釋、道三教一致曰：

按：《清淨法行經》曰：「我遣三聖化被眞丹，光淨菩薩彼稱孔子，迦葉菩薩彼稱老子，月光菩薩彼稱顏回。儒云，老云，釋云，不外乎是」。㊺

又曰：

王弼云：「彭祖即老子也，老子者元氣之祖宗，號曰元始道君。道君竟遊於流沙之西，彭祖亦入於流沙之西云爾。流沙乃身毒，是所以歸于佛也。老子在身毒則稱迦葉尊者」。㊻

更曰：

子曰：「吾豈二其道乎」。無盡（張商英）有謂曰：「孔子果求聞何道哉？豈非大覺慈尊識心見性無上菩提之道也。彼則大儒而參禪領旨，其言不誣矣。況復孔子儒同菩薩，回也淨光童子，遣之化中華者，吾豈二其道乎」。㊼

而從各種角度來論儒、釋、道三教之一致。其所言者，乃根據《清淨法行經》或老子《化胡經》等後世假託之經典來立論，但無論如何，其目的無非在說明此三教之一致。

人與人相感而生情，以同情而相施予，因而講求人與人之間的關係，謂之人情。又，人感於事物而動者，有喜、怒、哀、樂等，則謂之感情。感情由心感事物而發，未發時情純歸性，順理運行，其狀態彷彿無情。惟心情安靜謂之恬，和悅謂之愉。兩者情之至，實非無情。㊽在《中庸》爲中，爲天下之太平。人遇事變，情由心發，情循性行，仍從於理，不動於氣，狀如無我，處處中節，在《中庸》爲和，爲天下之達道。程伊川曰：「不偏之謂中，不易之謂庸」。中者，不偏不倚，無過不及，如處四方之中，其靜如止爲中，其動中節爲和，性也，理也。庸者，常也，不易之理也。其順理所發之情，即人之常情，合而言之，謂之明德。㊾此即《中庸》第一章所謂：

喜、怒、哀、樂之未發，謂之中，發而皆中節，謂之和。中也者，天下之大本也；和也者，天下之達道也。致中和，天地位焉，萬物育焉。

職此之故，景徐周麟乃以「中」爲媒介，作〈中岳字說〉以倡儒、釋、道三教之一致。

人類原始，對生命意識力甚微，所遇變化，不知其然，僅仰視於天而已。嗣知識漸開，想像天有主宰爲「天帝」，帝有意志，乃有命令，爲「天命」。「性」从心，从生，人以心領悟，人類秉於天，有生生不息之機，且稟有氣質焉。[50]此生生不息之機，自遠古「無極」——混沌，以至將來「太極」——至眞至善至美時代，配於變化——進化之秩序，謂之道。[51]道有「式」，如軀殼，又有「能」，如精神。精神入人之軀殼乃生，精神出人之軀殼則死。「能」之出入於「式」，乃宇宙自「無極」——混沌演化之道。[52]《中庸》則以天賦人以性，予人類生生不息之機，順此機動之力以演化，謂之道。[53]又，天有靈爲「知」，流行於宇宙，「天命」於人爲「性」，人以心爲主宰，心有意念，意念所發，則及萬事萬物。惟意念有清濁，即如事有錯雜，物有蔽障。人如缺乏修養，則行不由道；爲其意念濁蔽，而迷失其心。因此，「情」「欲」各得其當爲明德，而修身之本，在明德。明德如樹幹，親民爲施「情」，爲道之末，其多方面如枝葉。「物有本末，事有終始，知所先後，則近道矣。」[54]孟子曰：

君子深造之以道，欲其自得之也。自得之，則居之安，居之安，則資之深，資之深，則取之左右逢其源，故君子欲其自得之也。[55]

所以季弘大叔乃據此以開展其「天就是理、道、性、一心」的儒佛一致論，然後言：「其知足者，老聃清淨無爲之所寓也，與周子先天之理，其揆一矣」！[56]

月舟壽桂則曾將佛經比作儒家經典曰：

《寶積》即《尚書》，《般若》即《毛詩》。宜守北礀（居簡）一語，遺教似《論語》，《棱嚴》似《周易》，勿違西山品評。[57]

月舟不僅將佛經比作儒家經典，復將釋門之十大弟子比作孔門十哲，更把佛家之五戒比擬儒家之五常。曰：

配十大弟子於十哲科，月照千江水；比五重戒於五常道，春入百花之枝。莫道釋書非《論語》、《周易》，何妨大乘在《春秋》、《毛詩》。㊽

此外，他又言：

儒云：禪云，水即波，波即水而已。㊾

蓋禪與教惟同，猶儒於釋相會。㊿

舜爲佛，佛爲舜，分身靡他，水清月現。(61)

釋之所空，儒之陰陽，其則不遠。(62)

而說出他對儒、釋兩教的見解。如從《北磵文集》觀之，這些言論俱係祖述華僧北磵居簡之言。《四書》爲儒家人生哲學之大全，教人以窮理、正心、修己、治事之道。《中庸》提出「性」──良知，良能；《大學》標示「明德」──欲與情之調節。率性之道，則可以達明德。性之本體爲適當之欲與眞摯之情──天性。此天性即明德，明德之擴大，則達至善。《大學》、《中庸》爲率此天性，秉其良知以明明德，發其良能以親民，而止於至善。(63)月舟即據此而將儒、釋兩教與道教合而更進一步的說出他的儒、釋、道三教一致觀曰：

大學之道，在明明德，在親民，在止於至善，此儒家者之三綱也。天台吳筠著〈玄剛〉之篇，贊青年之書，此道家者之三綱也。五千餘函之說，不過於戒、定、慧之三，此佛家者之三綱也。萬

目雖異，大綱則同，云云。三教即一教，三綱即一綱，誰論萬目有異哉！㊹

亦即月舟認爲儒、釋、道三教在布教方面的方式雖異，但其基本道理卻相同，因此認爲儒、釋、道三教即一教，三教所分別具有的三綱相同而它們彼此之間並無差異。惟值得注意的是：月舟所舉的道家之代表並非老子，而係唐之道士吳筠之說，這點與其他三教一致論者有異。至於大林宗休的《見桃錄》，我們也可從中發現若干反映此一思想傾向的偈頌。例如其利用《周易》之句所作：「元亨利貞，始乎一氣；常、樂、我、淨，本乎一心。一心即一氣，一氣即一心。」㊺或將文王比作釋迦，孔子比作菩薩的句子如：「文王是仁義釋迦，岐下栖鳳。儒童比菩薩孔子，周末獲麟。」㊻又如：「化彼眞丹上大人，儒童菩薩是前身。不居仁皇得名否？衆角雖多唯一麟。」㊼更如：「有如先天名未安，誰穿戶牖被舌瞞？犧皇一劃華嚴易，小碧紗前和月攤。」㊽由此我們不僅可以窺知在其根柢流露著儒、釋一致思想，也可從而推知他具有三教一致的意念。

以上乃就日本五山禪林之三教一致思想作一番考察，至於他們之究竟如何開展此一思想，亦即他們如何利用此一思想來傳道，及利用於日常的人事往來方面，則擬於下文探討。

四、三教一致論的開展

前文已說，中國禪僧之所以倡儒、釋、道三教一致，乃肇因於儒者之排佛而有自我保護，或自我擁護之需要。但日本則幾乎完全未受到壓迫與攻擊，所以根本無需如此而只要專心致志於弘揚佛法即可。尤其禪宗（臨濟宗），它不僅先後獲得鎌倉、室町兩幕府及許多高級武士的保護與皈依，更獲他們捐贈之廣大土地與金錢資助，而過其優游自在的生活，故可好整以暇的從事學問研究與傳道、布教工作。然而就如前文所舉文字可知，他們也仍與華僧一樣，發表他們有關儒、釋兩教，或儒、釋、道三教一致的言論。但日本五山禪林發表此種言論的目的與中國禪林不同，在日本，乃完全將它視為一種嶄新的理論，或把它視為教化世俗的方便手段之一。更由於他們身為僧侶，卻致力於釋教以外的學問研究而有本末倒置之概。此事就如日僧夢窗疎石所說：

我有三等弟子，所謂猛烈放下諸緣，專一窮明己事，是為上等。修行不純，駁雜好學，謂之中等。自昧己靈光輝，只嗜佛祖涎唾，此名下等。如其醉心於外書，立業於文筆者，此是剃頭俗人也，不足以作下等。⑲

似的，因過分熱衷於儒學研究，致忘卻身為僧侶應該要做的修道、學禪之本分。所以他們為使自己所作儒教、老莊之研究正當化，方纔發出此種論調。職是之故，雖同樣是儒、釋兩教，或儒、釋、道三教一致論，中、日兩國禪僧立論的目的在根本上有其差異。

日本禪林既然為使自己的儒學或老莊研究正當化，便在這個目的上，對自己的立論給予儒教或老莊之存在下定義，容認此一方面的學術研究。雖然如此，他們在日常的傳道、布教或人事往來上，也仍一本其禪僧面目，守其應有之分寸。

日本五山禪林所涉獵的漢籍之範圍非常廣泛，且多有傑出的研究成果，此可由他們遺下的著作中窺見其一端。値得注意的是日本五山開創以來二百數十年間，在衆多禪僧中精通《中庸》者蓋以仲芳（方）圓伊爲第一。⑳

仲芳不僅發表其研究心得，且根據其研究心得爲人作「字說」曰：

夫晦者，至靈至明之府，而三教聖賢尤用力之地也。凡斯道之在天地古今之間也，其潛藏隱微者之謂晦，其流行發見者之謂明。明者晦之既發之用，晦者未發之體，其體用之全，皆具於我者也。方其未發也，寥然貿然，隻事片蹟，無可寄語之地，視聽之匪可接，知識之匪可用，然而自愚夫愚婦之所能知能行者，推而至聖賢所未能盡焉，事物當然之理，昭昭乎其間矣。於是學者黜聰明，省思慮，默而究之，體而察之，靜勝之功，優柔涵泳，則心之靈，皎如日月，向焉之發與未發者，巨精纖悉，無地逃形焉。逮其既發也，大焉天地萬物之變，小焉動靜云爲之際，泛然應之，卒然遭之，從容自若，綽有餘裕矣。是其所以用力乎彼妙用也。㉑

仲芳所言之「晦」，乃《中庸》所謂之中、性、隱。明者，和也，費也。

心所發爲意念，意念有清濁，即如事有錯雜，物有蔽障。人缺乏修養，行不由道，爲其意念濁蔽，迷失其心。性有欲有情，欲大於情爲惡，情大於欲爲善。欲多之至，所謂人欲橫流，則人之意念自必昏蔽。情大於欲爲誠，誠於中，形於外，誠與不誠，爲君子與小人之別。㉓又，誠推動宇宙，變化萬物，實爲生生之元，進化之動力。

故至誠無息，不息則久，久則徵，徵則攸遠。攸遠則博厚，博厚則高明；博厚所以載物也，高明所以覆物也，攸久所以成物也。博厚配地，高明配天，攸久無疆。如此者不見而章，不動而變，無為而成。天地之道，可一言而盡也，其為物不式，則其生物不測。74

「誠」推動宇宙，變化事物，循環不息，為天地變化之理。「性」之靈為知，「性」之能為行，知行善調情，欲為誠。誠至，亦動亦化。

唯天下至誠，為能盡其性。能盡其性，則能盡人之性；能盡人之性，則能盡物之性；能盡物之性，則可以贊天地之化育，可以贊天地之化育，則可以與天地參歟。75

就這點而言，仲芳繼前文曰：

是故儒曰：「莫見乎隱，莫顯於微」。老曰：「大象無形，道隱無名」。余竊紬釋其意，彼參贊化育，經綸幽明，逍遙乎虛玄之域，而游心乎至道之精者，亦未嘗不在是也。吾釋門之訓，盛大浩博，未易以概見而端倪焉。姑借一事以證焉，遮那覺皇，握事用之密印，御法界體性之妙智。斯智一發，則眾智不俟獵而胳焉，即名之瑜伽金剛之乘也。其教標十六大士，配之月之盈虧，以定證之階差也。其位次也，取前月晦日為之第一，然後次第相推，從朔至望，蓋所以晦為明之根本者乎。然則余之所謂至靈至明之府，三教用力之地，未必謬論也。烏乎，晦之義大矣哉！76

此乃將佛之「瑜伽金剛之乘」，與老子之道相比而言其一致，這種比喻方式，可謂相當巧妙。由此觀之，仲芳係認為它們在心性方面一致。亦即根據《中庸》以言佛、道兩教之調和。他既言「既發」、

「未發」，又言「事物當然之理」、「大焉天地萬物之變」，則其所言當係根據晦菴之說而來。又，仲芳不僅以晦言「至靈至妙之府，而三教聖賢尤用力之地」，而且將它視爲「儒曰：莫見乎隱，莫顯乎微。老曰：大象無形，道隱無名」，而將它與佛家之瑜伽金剛之乘相比，則此一言論應可認爲在說三教一致，⑰亦即利用其研究《中庸》之心得，來開展其三教一致論，以教化世俗。

南化玄與則以儒教之太極，老子之道，釋教之心爲一而言此三教之一致。曰：

一也者，建數也。昔包羲氏分之爲八卦，八卦積爲六十四卦，六十四卦積爲天地萬物數，萬物數積到鄔婆曇倍，皆是一所濫觴也。在天成五氣，則次四序；在地成五味，則養萬民；在人成五常，則治天下安國家。是故曩哲曰：「天得一以清，地得一以寧，王侯得一以爲天下之貞也。東魯文宣王講爲二萬三千字《魯論》，唯是一貫道也。西天金仙氏說爲五千四十函貝葉，末後一枝華也」。一之義偉矣哉！⑱

前文所舉者固爲儒、釋、道三教一致論之開展，但也有人以爲佛教的層次高於儒、道兩教。

儒與道二者爲世間，佛者出世而正。雖只佛教爲正而儒、道爲邪，卻不明言儒者爲邪，此乃爲王者之儒者之故。……明教《輔教篇》言：儒者如斥佛，則不知儒道。雖佛深儒淺，但兩者無別，故不破儒。⑲

此乃引華僧明教契嵩《輔教篇》之言，來說明他對儒、釋、道三教的看法，認爲儒教與老莊的層次比佛教低，它們都被涵蓋於佛教之中。

以上所考察者乃日本室町時代(一三三六～一五七三)前期以前的五山禪林對儒、釋、道三教的看法。迄至中期,則漫然言三教一致者減少,言佛、儒一致者多。並且他們不只言「理一也」,而從各種角度來論證此三教的內容之一致。此一趨向,不僅可認爲儒、釋、道三教一致,也可認爲是儒、佛不二論之理論的成長。此一事實非但促進禪林儒學之發達,同時也使三教一致論開展,而它們之處於互爲因果的關係,實無須贅言。⑻

得在此注意的,就是在鎌倉時代(一一八五～一三三三)以後,經南北朝(一三三六～一五九二)動亂期,逐漸瀰漫於禪林的三教一致論,在應仁之亂⑻以後的發展情形,可由下文所舉各例看出其端倪。桃源瑞仙曰:

河圖之數如何?根本者天地之間一氣而已。是至極之所在,混沌未分云。太極所云儒、釋、道三教,其途雖殊,唯皆爲明此理,終極一致也。⑻

橫川景三則引《尙書》〈洪範〉、《中庸》以論「中」,以爲「中」者布滿於宇宙之大生命,而它不外乎爲禪所謂本來面目,或「趙州無字」之「無」。並且更進一步的說:

然方外、內道無二揆,惟中是建。其後曹洞氏有偏正五位之說:曰正中偏、曰偏中正、曰正中來、曰兼中至、曰兼中到,其位皆以中爲本。由是君君、臣臣、父父、子子。⑻

而論儒、佛不二。復作〈子韶字說〉,斷言「眞與俗不二,儒與釋一致。」⑻更在〈仁恕〉裏言:「釋迦元是魯夫子,一以貫之桃李春。」⑻

隨著三教一致論思想的開展與流行，繪製「三教圖」者日多。因此，禪僧們之繪製此種圖畫以題贊語者不少。例如雪嶺永瑾所謂：

酸而醜時呈本眞，儒家釋老月重輪。桃花李白薔薇紫，三教非一一樣春。㊱

又如西胤承兌所題：

鼎足分來道不全，開頭顯一也徒然。娘生面目各何在，鼻孔和脣失半邊。㊲

再如惟肖得巖所題：

夫三教聖人設教跡弗同，而治心之方歸一者，前述之論浩如烟海。合歸於一劈成三，唐梵云云付口譚。更有主人無面目，傳言贈語彼司南。㊳

及萬里集九的：

桃花釀醋甕中泉，全勝江南煮酒煙。釋舌猶長道儒短，十分風味未嘗先。㊴

桂菴玄樹亦曰：

彼美西方衹一人，中華二聖德爲鄰。杏花壇上李花月，覺苑風光空劫春。㊵

至於南江宗沅則曰：

三顱六耳話酸辛，衰風猶寵況弗人。剩破藩籬謀一醉，重陽九日菊花新。㊶

由上文可知，室町末期的禪僧們已喪失身爲禪僧之本質的性格，致儒僧與詩僧之區分更加難於分辨，至少在他們的意識上，儒、佛的差異已不太成爲問題。與此相對的，儒教卻逐漸遠離禪僧之手而有自我解放之趨勢，而逐漸接近於還俗之路。所以前此儒教雖在三教一致論下，由禪僧們來孕育，如今卻有對自己有栽培之恩的禪僧前輩們提出斷絕關係的文書之槪。在此情形下，三教一致論便成爲想要還俗的儒教之一種桎梏。於是三教一致論在理論上停滯不前，而它之被侷限於只製作圖贊的第二個，也是最値得注意的理由，似乎即在於此。換句話說，有關儒教、老莊之硏究便由禪僧來負擔了。㊾

誠如芳賀幸四郎教授所說，五山禪林的這種作爲，只要被認爲是他們爲便於布教所採之手段，則在理論上，三教一致論雖有其存在意義，惟在擔負此一任務的，卻由禪僧轉移到一般社會人士之手，或者在外表上固爲禪僧，但其禪僧之自覺心卻不高，而儒學本身又主張它的存在。事至如此，實可謂決定了三教一致論之思想的命運。就這點而言，三教一致論的開展與其結果，實可說是禪林儒學之此一方面的指標。㊿事實上，至江戶時代（一六〇三～一八六七），三教論已完全喪失其生命而銷聲匿跡，在五山禪林中，也有人拋棄僧侶身分還俗，專心致志於儒學研究的，如藤原惺窩(94)之走出相國寺，林羅山(95)之離開建仁寺，即其最顯著的例子。

五、結　語

當五山禪林的儒學式微以後，便由江戶儒林繼其緒，開展純粹由文人執儒學研究之牛耳的儒林文學。在此一時期的儒學研究，係以朱子學爲其主流，朱子學被江戶幕府定爲官學，成爲文教政策之主要依據。朱子學之所以被該幕府作爲文教政策之依據，並非表示他們傾心於晦菴的學說，或那些武士們特別尊敬朱文公，乃由於他們認爲朱子所主張的君君、臣臣、父父、子子之思想頗適合於其幕藩體制。⑯因它被定爲官學，所以也稱爲正學。至於非祖述朱子學說的其他各學派，如：古義學派、古文辭學派、折衷學派、陽明學派等，都被視爲異學。異學非僅未曾受到幕府重視，反而爲幕府所忽略——寬政異學之禁，⑰而受不平等的待遇。惟那些在野各學派雖未受應有之重視，卻不稍撓屈，仍各自講授朱子學以外的學說，使江戶時代的此一領域之學術研究得以蓬勃發展，在日本漢文學史上造成另一個高峰，這是值得我們注意的。

【註　釋】

①：鄭樑生，〈日本五山禪僧的儒釋二教一致論〉，《淡江史學》，五（淡江大學歷史學系，民國八十二年六月），頁八五～一〇二。收錄於鄭著《中日關係史研究論集》，四（臺北：文史哲出版社，民國八十三年二月），頁六七～一〇四。所謂「五山」，乃日本中世的官寺制度裏所定禪宗寺院之格式。原爲南宋之官寺制度，而由政府來任命其住持之五座最高層的禪寺。此一制度旋爲日本所模仿。相傳於南宋理宗寶祐元年（建長五年，一二五三），以鎌倉建長寺爲五山第一，但鎌倉時代的制度不詳。元順帝二年（建武元年，一三三四），後醍醐天皇親政以後，將原以鎌倉五山爲中心的，改爲以京都爲本位。此後，五山之序次經若干次改變以後，終於定爲：天龍、相國、建仁、東福、萬壽五寺爲京都五山，建長、圓覺、壽福、淨智、淨妙五寺爲鎌倉五山，更以京都南禪寺爲京都、鎌倉兩地五山之首，而其序次亦從此（一三八六）底定。

②：竹內義雄，《支那思想と佛教思想との關係》（東京，岩波書店，昭和九年，岩波講座《東洋思潮》），頁二四。
③：同註②。
④：同註②，頁四八。芳賀幸四郎，《中世禪林の學問および文學に關する研究》（京都，思文閣，昭和五十六年十月），頁一二二。
⑤：芳賀幸四郎，註④所舉書頁一二三。
⑥：同註⑤。
⑦：同註⑤。
⑧：同註⑤。
⑨：兀庵普寧，《語錄》，卷中。
⑩：同註⑨。
⑪：同註⑨，卷上。
⑫：足利衍述，《鎌倉室町時代之儒教》（東京，有明書房，昭和四十五年五月），頁五八。
⑬：陳式銳，《唯人哲學》（廈門，立人書報社，民國三十八年一月），頁六四。
⑭：《論語》〈里仁篇〉云：「子曰：見賢思齊，見不賢而內自省也」。
⑮：大休正念，《語錄》〈示明賢禪人〉。

⑯：《論語》〈學而篇〉云：「曾子曰：吾日三省吾身，爲人謀，而不忠乎？與朋友交，而不信乎？傳，不習乎」？
參看陳式銳，《唯人哲學》，頁六六。
⑰：同註⑥，〈住建長寺錄〉。
⑱：北磵居簡，《北磵外集》〈儒釋合〉。
⑲：兀庵普寧，《語錄》，上。
⑳：同註⑮，〈住壽福寺錄〉。
㉑：同註⑮，〈三教圖贊〉。
㉒：同註㉑。
㉓：竺仙梵僊，《竺仙禪師語錄》〈歸元說〉。
㉔：明極楚俊，《明極禪師語錄》〈三教圖贊〉。
㉕：清拙正澄，《禪居集》〈示足利象先居士法語〉。
㉖：《孟子》〈離婁章句上〉。
㉗：《論語》〈學而篇〉云：「有子曰：其爲人也孝弟，而好犯上者鮮矣。不好犯上，而好作亂者，未之有也。君子務本，本立而道生，孝弟也者，其爲仁之本與」。
㉘：無文元選，《無文禪師語錄》〈覺元公禪定門〉。
㉙：翱之慧鳳，《竹居清事》〈楊伯序〉。

㉚：同註㉙，〈中溪說〉。
㉛：同註㉙，〈太極說〉。
㉜：〈興宗明教禪師行狀〉。按：瑞溪周鳳圓寂後，日皇賜諡「興宗明教禪師」。
㉝：景徐周麟，《翰林胡蘆集》，第八，〈顯甫字說〉。
㉞：虎關師錬，《濟北集》，卷一八，〈通衡〉之三。
㉟：同註㉞。
㊱：同註㉞，卷二〇，〈通衡〉之五。
㊲：雪村友梅，《岷峨集》，卷上，〈三條殿頌軸序〉。
㊳：陳式銳，《唯人哲學》，頁一一九。
㊴：同註㊲。
㊵：雪村友梅，《岷峨集》，卷上，〈送忠侍者頌軸序〉。
㊶：同註⑫，頁二二八。
㊷：天祥一麟，《龍涎集》，卷下，〈贊三教〉。
㊸：惟肖得巖，《東海瓊華集》〈三教合面圖贊〉。
㊹：同註㊸。
㊺：景徐周麟，《翰林胡蘆集》，第七，〈題貧樂齋詩後〉。

㊻：同註㊺，第七，〈祖英字說〉。
㊼：同註㊺，第九，〈樂壽齋記〉。
㊽：同註㊳，頁二〇。
㊾：同註㊳，頁二〇～二一。
㊿：同註㊳，頁一。
51：同註㊳，頁二。
52：陳式銳，《唯人哲學》，頁二所引金岳霖，〈論道〉。
53：《中庸》〈一章〉云：「天命之謂性，率性之謂道。」
54：《大學》〈經一章〉。
55：《孟子》〈離婁章句下〉。
56：季弘大叔，《蔗菴遺稿》〈先天字說〉。
57：月舟壽桂，《月舟和尚語錄》，永正七年（一五一〇）〈住建仁寺語錄〉。
58：月舟壽桂，《月舟和尚語錄》，永正九年（一五一二）〈住建仁寺語錄〉。
59：月舟壽桂，《幻雲文集》〈江叔字說〉。
60：月舟壽桂，《幻雲稿》〈松壑和尚住建仁寺山門疏〉。
61：同註59，〈題紹巴所藏神農像〉。

62：同註60，〈明叔浚公首座妙心同門疏〉。
63：《大學》〈經一章〉云：「大學之道，在明明德，在親民，在止於至善」。
64：同註59，〈綱叔說〉。
65：大休宗休，《見桃錄》〈士岐道珊居士壽像贊〉。
66：同註65。
67：同註65。
68：同註65，〈梅窓〉。
69：夢窗疎石，《夢窗語錄》，附錄，〈三會院遺誡〉。
70：同註12，頁三八四。
71：仲芳圓伊，《懶室漫稿》，卷五，〈晦叔字序〉。
72：同註12，頁三八五。
73：陳式銳，《唯人哲學》，頁一〇。
74：《中庸》〈二十六章〉。
75：《中庸》〈二十二章〉。
76：仲芳圓伊，《懶室漫稿》，卷五，〈晦叔字序〉。
77：同註12，頁三八五；同註五，頁二三四。

⑱：南化玄興，《虛白錄》，卷三，〈一中齋記〉。
⑲：雲章一慶，《雲桃抄》〈報本章〉。
⑳：同註⑤，頁二三六～二三七。
㉑：應仁之亂（一四六七～一四七七），室町時代末期，發生於京都一帶的大亂。室町幕府原無強力統制其屬下的守護大名之能力，尤其在中期以後，爲勢力強大的守護大名之反叛而困擾。更有進者，因幕府之秕政與農民之不斷發動暴亂，及要求施仁政，故其統治力急遽式微。在另一方面，各大名家庭內部因繼承人選問題不斷發生糾紛。在此情形下，適逢將軍家及管領（職稱）畠山、斯波兩家之繼嗣問題，與細川（東軍）、山名（西軍）之兩大勢力之互爭雄長的事件糾結在一起，終於發展成爲二分天下之大亂。此一戰亂前後長達十一年，戰場則自京都擴及於地方。結果，京都荒蕪，幕府威信掃地，莊園制度崩潰，遂發展成爲戰國大名領國制。又，許多朝廷公卿爲避戰亂而下鄉，遂成爲地方文化發展的因素之一。
㉒：桃源瑞仙，《百衲襖》，卷一，〈易學啓蒙本圖書〉條。
㉓：橫川景三，《補菴京華集》，卷三，〈建中字說〉。
㉔：同前註所舉書，卷六，〈子韶字說〉。
㉕：同註㉓所舉書，卷一二，〈仁恕〉。
㉖：雪嶺永瑾，《梅溪集》，卷上，〈三教吸酸圖〉。
㉗：西胤承兌，《眞愚稿》〈三教合面圖〉。

⑱：惟肖得巖，《東海瓊華集》〈三教合面圖贊〉。
⑲：萬里集九，《梅花無盡藏》，卷一，〈三教圖贊〉。
⑳：桂菴玄樹，《島隱集》，下，〈題三教畫〉。
㉑：以心崇傳等編，《翰林五鳳集》，卷五七所錄南江宗元，〈三教圖贊〉。
㉒：同註⑤，頁二四一。參看鄭樑生，〈日本五山禪僧的《易經》研究及其發展〉，已於民國八十三年八月在日本福岡召開之「第九屆中國域外漢籍國際學術會議」中發表。見於本《論文集》，頁三三一～七四頁。
㉓：同註⑳，頁二四三。
㉔：藤原惺窩（一五六一～一六一九），日本江戶初期學者。名肅，字斂夫，播磨〈兵庫縣〉人。初時為京都相國寺僧侶，後來主修朱子學，獨自將五山禪林之儒學體系化，創京學派。門下有林羅山、松永尺五、那波活所、堀杏菴等所謂「藤門四天王」，及其他許多才俊。著有《千代もと草》、《四書五經倭訓》等。
㉕：林羅山（一五八三～一六五七），江戶初期儒學家，幕府儒官林家之祖。名忠、信勝，法號道春，又號羅浮子，京都人。初為京都建仁寺僧侶，但夙有研究朱子學之志，乃為藤原惺窩之門人。慶長十年（明萬曆三十三年，一六〇五），仕德川家康，以後歷仕德川秀忠、家光、家綱等幕府將軍，為侍講及草擬外交文書、法律條文等，對整備幕府政治有所貢獻。寬永七年（明崇禎三年，一六三〇），在江戶（東京）上野之忍岡建家塾，此塾成為日後江戶幕府所辦學校—昌平黌之基礎。著有《大學抄》、《大學解》、《論語解》等，而在漢籍之日式句讀、出版，儒家經書之講授方面留下不少業績。並且又從朱子學的觀點來嘗試敍述日本史，

著《神道傳授》、《本朝神社考》等，以謀朱子學說與日本固有信仰之調和。主要著作有《本朝通鑑》、《羅山文集》等。

⑯：幕藩體制，身爲中央統一政權的江戶幕府，及其本身雖受幕府統治，卻又擁有「領國」的「藩」作爲統治機關的政治體制。這種體制，乃由領主直接向自耕農徵收以米爲主的實物貢租，且以祿額爲基準，經由村落來搾取之社會的關係爲其基礎。

⑰：寬政異學之禁，江戶幕府對朱子學以外之各學派所下的政令。寬政二年（清乾隆五十五年，一七九〇），「老中」（職稱）松平定信從事幕政改革，而此一政令也被當作改革之一環來實施。江戶幕府開創以來，雖以朱子學爲官學而加以獎勵，但至江戶中期幕藩體制發生動搖之際，幕府所設學校的負責人林家不振，而在野學派的古學派、折衷學派頗爲盛行。於是幕府乃爲加強其封建教學，革新朱子學，遂以林家之湯島聖堂爲官學而將其易名爲昌平黌，並規定以朱子學爲登用官吏的考試範圍。因此，並非查禁朱子學以外的學派，乃是把它們視爲有礙風俗的異端之學。以此爲契機，諸藩所講授儒學內容之改爲朱子學者頗多，結果，收到與查禁一樣的效果。

日本五山禪林的《易經》研究

一、前言

如據《日本書紀》的記載，百濟於繼體天皇七年（梁天監十二年，五一三）遣使朝貢大和朝廷之際，曾使其五經博士段楊（陽）赴日傳《五經》。自此以後，儒家經典便不斷東傳，彼邦人士研讀它們者日多。不久以後，非僅對它們已有相當之理解，並能加以利用，此可由在七世紀初頒布的「憲法十七條」之遣詞造句中窺見其一斑。

又如據《日本書紀》、《三國史記》的記載，在段楊之後有醫學、易學、曆學方面的博士自百濟赴日。七世紀時更有天文、地理、方術、遁甲之學東傳，可見中國圖書在當時曾經不斷的被扶桑輸入。迄至七世紀後半，大和朝廷模仿唐朝學制，在中央設大學，地方設國學，授以《五經》、《論語》、《爾雅》等，於是儒家經典便成爲日域公卿、貴族必讀之書，且成爲他們進入宦途的敲門磚。因他們都讀儒書，遂給日本的漢文學研究造成一個高峰，從而產生不少碩學鴻儒，而尤以清原、菅原、大江、一條、中原、日野諸家之成就最爲突出，這些家族在日本漢學史上均佔有一席之地。

然至平安（七九四～一一八五）後期，由於人們過慣太平日子，故生活日益驕奢，興邸宅，築別業，極園林泉石之巧。在這種情況下，士大夫亦捨實學，廢吏務，修音樂容儀，弄浮文虛詞，上下互競風流，京師徒成歌舞管弦之地。①至十世紀三十年代，東方有平將門之變②，西邊有藤原純友之亂②，而暴露王綱凌夷之端。其與政教隆污有關之漢文學亦不得不傾向於衰頽之運。更有進者，當時不僅官界有門閥世襲之風，學界諸道亦成一家之事業，所謂四道專門之家發於平安前期之末而成於後期前半，而四道以外的醫學、天文、曆法、陰陽道亦各成專門之業。學術既已歸爲一家之業，則才人能士自無角逐競爭之餘地而無法望其進取向上之風氣，因而漢文學之頹廢自屬必然。

然就在王官貴族的漢文學研究步向黃昏之際，佛教界卻興起研究儒學之風潮。此一風潮係以京都天龍、相國、建仁、東福、萬壽；鎌倉建長、圓覺、壽福、淨智、淨妙等兩地五山之官寺，及被列爲五山之上的京都南禪寺之所謂五山禪僧爲其主流，而尤以京都五山爲著。因那些禪僧除佛學外，復潛心於儒學研究，故不僅在漢文學上有輝煌的成就，更取代那些博士之家而執日本儒學界之牛耳，在日本漢學史上造成另一個高峰，給日本中世的漢學研究留下永垂不朽的業績，其作品則見諸載籍而斑斑可考。

那些禪僧所涉獵的漢籍非常廣泛，一時難於盡述。故本文僅就其研究《易經》的情形作一番考察，藉窺其對儒學造詣之端倪。

二、五山禪林的易學觀

《論語》〈述而篇〉引孔子之言謂：「加我數年，五十以學《易》，可以無大過矣。」《史記》〈孔子世家〉則謂：「孔子晚而喜《易》〈序〉、〈彖〉、〈繫〉、〈象〉、〈說卦〉、〈文言〉。讀《易》，韋編三絕。」可見孔子喜愛《易經》之一端。前漢儒者雖以專攻一經爲原則，然至後漢，五經兼修之風起。尤其鄭康成在〈六藝論〉中言：「《易》者陰陽之象，天地之所變化，政教之所生」而加以重視，劉歆更以《五經》爲教導仁、義、禮、智、信五常者而將《易經》置於諸經之首，以說五常之源——人的道德根源與宇宙原理後，《易經》的地位便居於其他四經之上。此一情勢更與孔子之崇《易》相結合，致此種觀念成爲日後儒學之傳統。④

如據《歸元直指集》的記載，奠定宋代性理學之基礎的周敦頤（一〇一七～一〇七三）曾參黃龍慧南學禪，⑤《居士分燈錄》及《佛法金湯編》則記載他也曾參佛印了元。《河南程氏遺書》第六則更言：「周茂叔窮禪客」。由此觀之，敦頤之曾學禪以發明心地，殆無疑問。

與濂溪同爲宋學之奠基者的張載（一〇二〇～一〇七七）著有《易說》三卷，〈西銘〉、〈東銘〉各一篇，《正蒙》十篇。其中《正蒙》雖主要根據《易》、《中庸》之思想，針對佛之知的、超越的世界觀強調「行的內在的世界觀」，⑥惟該書對佛教有所批判，難免受到佛教界人士之物議。雖然如此，其〈西銘〉篇首所謂：

乾稱父，坤稱母，予茲藐焉。乃混然處中，故天地之塞，吾其體也；天地之帥，吾其性也。民，吾同胞；物，吾與也。

之思想，實與肇法師〈寶藏論〉所謂：「天地，與我同根；萬物，與我一體」之思想深相契合。

在周濂溪、張橫渠之後使性理之學更爲體系化的就是程明道（一〇三二～一〇八五）、程伊川（一〇三三～一一〇七）昆仲，而「兩程子早歲皆嘗學禪，亦皆能究其底蘊。」⑦

伊川雖亦受禪學之影響，但其所持態度較爲排佛，這可由其所謂：「禪學止到止處，無用處，無禮儀」⑧，或「看一部《法華經》，不如看一〈艮卦〉」⑨獲得佐證。雖然如此，二程子之學乃將周子之學加以發揚光大，並以《四書》爲根柢，從而將《易》之世界觀及道家、釋家之思想，尤其將其華嚴之教理和禪之體驗加以吸收、融合而建立其體系。⑩

至於集宋代性理學之大成的朱晦菴（一一三〇～一二〇〇），他在十四歲時即師事對禪學有興趣的劉屏山、劉草堂、胡籍溪諸儒，因受其影響，在十五六歲時亦嘗留心於禪，⑪並從而隨大慧宗杲、開善道謙等禪師參禪。十八歲赴京參加科舉時，篋底僅有一部《大慧語錄》云。⑫

張、程、朱諸夫子雖間有排佛之言論，惟他們之俱受禪宗影響，可由上文獲得佐證而不容否定。值得注意的是奠定宋學基礎的四子雖有排佛的態度，但以明教契嵩、北磵居簡、癡絕道沖、無準師範等儒學根柢深厚的禪僧們卻不以爲忤而接受宋學。職此之故，不僅宋學受到禪學影響，宋學也影響了禪學。於是在宋學、禪學相互影響下，宋代以後的禪僧多對宋學有相當造詣。而中國禪僧喜愛宋學的傾向，也隨禪宗之東傳傳到日本。

那麼，日本禪僧對宋學的看法如何？就以對周敦頤的態度言之，虎關師鍊（一二七八～一三四六）云：

仲尼沒而千有餘載，縫掖之者幾許乎？唯周濂溪獨善興繼之美矣。⑬

而給予相當高的評價。對二程子則因其排佛而持否定的態度，認爲「彼程氏何爲者乎云出言之不經也」，「夫程氏主道學，排吾教，其言不足攻矣。」⑭至於朱子，則斥他「非醇儒」⑮。姑且不論虎關對二程子、朱子之批判是否的當，中巖圓月（一三〇〇～一三七五）對朱子的評語是：

朱之爲儒，補緝苴漏，鈎玄闡微，可以繼周紹孔者也。⑯

而給予相當高的評價。雖然如此，他也認爲宋儒之單憑片言隻字而排佛爲非。⑰

日本禪林對周、張、程、朱諸夫子的看法雖如此，但他們對易學的看法又如何？桃源瑞仙（一四三〇～一四八九）云：

夫伏羲氏之心，文王得而改之，文王之次序，得夫子明之。夫子之傳，又得諸儒傳之釋之。其未盡者，又得胡子盡之矣，可謂先後一揆也。⑱

而將宋學、朱子視爲易學之正統。文中所謂胡子，就是胡一桂，他曾將其父方平所著《易學啓蒙通釋》加以疏釋成爲《易學啓蒙翼贊》，乃稱美一桂將前人之說加以祖述、發揮者。季弘大叔（一四二一～一四四七）對易學的看法是：

昔聖宋之盛也，周、邵、程、朱諸夫子出焉，而續易學不焰之光於周、孔一千餘年之後。太極無極，先天後天之說，章章于世。⑲

可見他也將周、程、朱等人視爲儒教之正統。月舟壽桂（？～一五三三）則認爲易學完成於朱文公曰：

天之有道，仲尼以太極論焉，載于《周易》，然而老子以無極而加焉，蒙莊以氣母判焉。象山、梭山，著書反復，而大成于紫陽朱晦翁。⑳

翱之慧鳳（？～一四六五）對易學的態度是：

太極者，無極也，是周舂陵發明易道以嘆之之言也。天地未判，陰陽未兆，謂之太極乎？父母未生，混沌溟濛，謂之太極乎？是實難言。周家之老，纔以無極兩字註之。德山棓之，臨濟喝之，禾山之鼓，石鞏之弓，只註箇太極兩字。㉑

而給周濂溪之〈太極圖說〉以極高評價。並且從《中庸》之中與《周易》之太極而認爲儒、釋兩教一致，以中及太極爲心靈之本體，以之爲禪家本來之面目。廣大微妙之易道如失虛靈不昧之心的本體，則即使學之行之，也毫無裨益。他說：

夫《易》之爲體，泝之草昧，不見其始，引之覆幬，不窮其大。而大之位上，地之承下者日月之朔虛，山海之坎行，生類之所以動，植物之所以靜，而人民作止彝倫之宜，莫不一出乎此也。且聖主俯臨，臣殿仰賴者疇殊軌乎，其爲用爲教也，在于不失彼大中焉。㉒

岐陽方秀（一三六一～一四二四）則將佛道之階級比作十二支——地支，認爲易道之根本在太極，佛道之根本在一心，而將太極與一心視爲同體異名。曰：

庚辰（應永七年，明惠帝建文二年，一四〇〇）春，予在凌霄山陰覽《易學啓蒙》。云云。其子爲佛位，丑爲信位，寅爲十住，卯爲十行，辰爲十四向，巳爲十地，午爲等覺，未爲晦明。入俗同俗化迷，申、酉、戌、亥爲所化，是迺東柏大士之所說。其雖化有能所，雖人有悟迷，不離等妙之佛位，猶如六十四卦未嘗外乎坎離也。佛初成覺於菩提樹下者，包犧畫卦之意也。乾篤眞丹諸師，則係辭於一卦一爻者乎。爾後使人推步揣摩之煩，吉凶悔吝之雜，百計僥倖而纔一中而已。噫！易道幾乎息矣！㉓

曾說「周公之設教，豈異釋迦之設化哉！伊尹之所尋思，是觀世之所思也。」㉔而認爲儒、釋之教化旨意一致的梅屋宗香，他對《易經》的看法是：

畫前有《易》是吾家，品物流形春夏冬。想見當時臨濟民，在乾九五叫飛龍。㉕

碩鼎頤賢則曾賦與《易》有關之七絕一首，用以表示他對《易經》之尊崇。詩云：

太極以前無面目，誰勞筆勢古猶今。丹青縱盡妙中妙，難寫犧皇上世心。㉖

此外，日本中世禪林重視《易經》的情形，也可由下列各詩篇窺見其端倪。

梅窗點《易》　琴叔景趣

象數一彰因宓義，韋編三絕屬宣尼。咲吾窗下猶開卷，月照梅花太極枝。㉗

贊周茂叔二首　琴叔景趣

一千五百有餘年，聖孔文章屬此賢。太極元來便無極，後天何必異先天。

品題不取小人草，鍾愛唯看君子蓮。堪笑熙豐雲雨變，濂洛風月鬢皤然。㉘

滴露點《易》二首　雪嶺永瑾

秋曉研朱點《易》來，伏羲心事筆頭開。好栽太極窗前草，滴取清香露一盃。

畫破乾坤陽與陰，筆頭到處用功深。只將一滴芙蓉露，洸見羲皇上世心。㉙

由上文可知，日本中世禪林雖有少數人因程、朱諸夫子之曾發表排佛言論而加以非難，但其非難僅止於程、朱之言論方面，對他們在易學方面的成就並未有所批判，而絕大多數的禪僧們對《易經》的價值方面所持的觀點是正面的，肯定的。

三、日本禪林研讀的易學著作

如據足利衍述㉚、木宮泰彥㉛等人的研究，自從俊仍法師於南宋末年留華東歸後，日本僧侶之來華學佛，及華僧之爲弘揚佛法而前往日域者甚多。迄至鎌倉時代(一一八五～一三三三)末期，亦即在後醍醐天皇元應元年(元仁宗延祐五年，一三一八)爲止返國之日本僧侶多達八十餘人，前往日本之華僧則有十八人。其中，通儒術且對弘揚朱子學有或多或少之貢獻者則有辨圓圓爾、天祐思順、淨雲寬昌、蘭溪道隆、兀庵普寧、無象靜照、南浦紹明、大休正念、白雲慧曉、無學祖元、鏡堂覺月、一山一寧等十二人。此十二人中，除辨圓、無象、南浦、白雲四位爲日僧外，其他八位俱爲華僧。又此十二人中對東傳漢籍最有貢獻者當首推辨圓。

辨圓，俗姓平。駿河（靜岡縣）人。少時在久能山（靜岡縣）從堯辨法印學天台。年十八，入近江（滋賀縣）園城寺薙髮。明年，往京都學孔、孟之教。二十二歲時從上野（群馬縣）長樂寺之榮朝禪師遊，聽禪教而遂奉之。嘉禎元年（南宋理宗端平二年，一二三五）四月買棹西航，師事佛鑑禪師而受其印記。復受教於北磵居簡、癡絕道沖兩位大禪師之教，於仁治二年（理宗淳祐元年，一二四一）七月返抵日本。辨圓返國後，曾先後擔任崇福、承天兩寺住持，然後上京爲東福寺開山，爲弘揚佛法而不遺餘力。自此以後，京都之禪教日盛，後嵯峨天皇（一二四二～一二四六在位）及藤原道家等人曾先後受戒、聽法，更應幕府執權北條時賴（一二二七～一二六三）之請，前往鎌倉說法。弘安三年（元世祖至元十七年，一二八〇）十月十六日示寂，世壽七十九。花園天皇（一三〇八～一三一八在位）追諡聖一國師之號，此爲日域僧侶獲賜國師之濫觴。辨圓遺有《語錄》二卷，及《三教要略》、《三教典籍目錄》等著作。㉜

辨圓自中朝東返日本之際，曾經帶回大批內典與外典，那些圖書被收錄於釋大道一以所編《普門院經論章疏語錄儒書等目錄》。因那些圖書被典藏於東福寺塔頭常樂庵，所以簡稱該目錄爲《常樂目錄》。更因該目錄在北朝明德三年（明太祖洪正二十五年，一三九二）七月，由該寺僧侶知有禪師加以改編，故亦稱《明德目錄》。如據《普門院經論章疏語錄儒書等目錄》的記載，則辨圓當時帶回的儒家經典有《周易》二卷，《周易音義》一卷，《易總說》一卷，《易集解》八冊，《纂圖互註周易》一冊，《尚書》一冊，《毛詩》二冊，《禮記》三冊，胡文定《春秋解》四冊，《毛詩詮疏》七冊，《

周禮》三冊，《禮記》五冊，《周易》二冊等，而中國在當時有關易學的主要著作幾乎都被帶回去。辦圓既然帶回這麼多易學圖書，這表示他對此一領域的學術頗感興趣。雖然如此，他帶回的《周易》、《周易音義》、《易總說》、《易集解》、《纂圖互註周易》都是宋代新儒學產生以前的，所以我們如要瞭解日本中世禪林究竟閱讀哪些與宋儒新註有關之易學書，實須從他們的著作中查尋，方能窺其端倪。與之同時，我們也可從而得知當時東傳日域的宋儒之易學關係圖書究竟有哪些。

我們雖無從考察宋儒新註的《易經》在何時經由何人之手東傳日本，但從〈海藏和尚紀年錄〉所記載：

（丁未）冬十月，（虎關）師見（一）山（一寧）師，啓曰：某智薄識譾，每見程、楊之易說不能盡解。老師宏材博學，賴以愚所疑，合程、楊之說，深考靜究，必有所見。其他日再來伏受咳唾，萬幸。

虎關師鍊生於後宇多天皇弘安元年（元世祖至元十五年，一二七八），丁未年相當於後二條天皇德治二年（元成宗大德十一年，一三〇七），亦即相當於虎關年屆而立之時。虎關在這年十月，謁見華僧一山一寧而請教有關程伊川之《易傳》的內容文意，此事固因一山之婉辭而未能如願，卻可從而得知他所研究的《易經》是程伊川的《易傳》。與之同時，我們也可由此得知宋儒新註的《易經》至遲在元初已東傳日域。

那麼，朱熹的《周易本義》究竟在何時東傳？中巖圓月云：

朱氏《易》〈傳〉，〈乾〉之九三曰九陽爻，三陽位，重剛不中也。是以〈文言〉九三重剛不中，以爲合義，然於九四重剛不中，則無故而言。九四非重剛，重字疑衍也，甚矣！以己之惑之，而嫌聖人之言，以爲衍也。㉝

這段文字雖在批判朱晦菴解釋重剛之爲陽爻、陽位爲誤，應以上下二體連陽爲重剛。中巖更認爲朱子之以《易經》之言不合己說而竟以之爲錯衍，此實非他應有之態度而予以非難者。雖然如此，我們可由此得知晦菴的《周易本義》在中巖圓月時，或至遲在十四世紀已經東傳。與之同時，我們也還知中巖研究易學，並未一味承襲前人之說而能指出他人錯誤之所在。

中巖以後的日本禪林對《易經》有精深之研究的，當首推岐陽方秀。岐陽在明太祖所遣使節天倫道彝、一菴一如赴日時，曾修書致一菴，請教「五法三自信八識二無我，與一百八句相攝如何？」「台宗圓教，亦談華嚴事事無礙之旨耶？」等有關教理教相的問題十道，和釋永明延壽的《宗鏡錄》而請「分大節以示大義」，並要求給予《華嚴清涼國師大疏》以下各種佛教經典。㉞岐陽不僅對儒學的造詣深，對易學更有相當之研究。他曾在〈送連山知客歸山陽序〉中說：

予在凌霄山陰覽《易學啓蒙》。時有司慧日之賓曰連山乾公者，過予不二室，講究《周易》之義，志氣清秀，頗涉淵奧。一日，謂予曰：「儒者於《易》，吾既聞之詳矣，其我佛之意亦可得聞乎」？予曰：「比日動唇搖舌，無不一出於此。……上人若能不即不離乎五十二位而超然於極儀象卦之前，則非唯棗柏大士瞠乎後，乃佛乃祖悉亦當決疑於上人之手爾」。

由此觀之，岐陽曾經研讀朱文公的《易學啓蒙》，而此書在十四世紀以前已經東傳。文中所舉連山乾公，乃在東福寺擔任知客之職的僧侶。他雖身爲禪僧，卻不僅詳聞儒者講解之易學而探究其深奧之旨，也還想聽禪家之易學，更根據《周易》〈太卜〉所謂：「掌三易之法，一曰連山，二曰歸藏，三曰《周易》」之句，爲自己取字爲「連山」，可見其對易學所表示之關心既深且厚。至其諱之「乾」字，則當係根據《周易》〈乾卦〉「乾，元亨利貞」而來。㉟

就桃源瑞仙而言，他不僅儒學，在《史記》研究方面更無人能出其右。抑有進者，他使日本禪林之易學研究推展至最高峰。著作有撰寫其研究《史記》心得之《史記桃源抄》十九卷，研究《周易》心得之《百衲襖》二十五卷，研究《三體詩》心得之《三體詩抄》六卷，《蕉雨稿》二卷，《江湖集抄》若干卷等。㊱其中，《百衲襖》動筆於文明六年（明憲宗成化十年，一四七四）九月，完成於九年三月，前後共費約兩年半的時間。卷一至卷七爲元人胡方平之《易學啓蒙通釋》的研究心得，卷八爲《命決期》之心得，卷十至卷二十爲據六十四卦之先後次序加以注抄而成。卷二十一至卷二十五則是〈十翼〉之〈繫辭〉、〈序卦〉、〈雜卦〉的研究心得，此乃日本中世之易學研究的最佳著作。㊲

桃源之易學研究傾向於宋儒新註，此可由其所著《百衲襖》之前七卷爲胡方平通釋朱晦菴《易學啓蒙》而成之《易學啓蒙通釋》推而知之。至其在《百衲襖》卷三，〈序卦〉條所謂：

宋室隆興，聖人之學勃焉，唯《易》爲□□矣。希夷、康節先起，而周、張、程、朱次之。有發明焉，有解釋焉，舉而無餘蘊矣。而至於〈序卦〉，猶有未盡聖人之意者。胡一桂庭芳之作

《啓蒙翼傳》也，圖而見之，於是乎六十四卦之次序而今相從。自對反對，皆以卦畫變動而論之，歷歷如指諸掌。夫子明名義於先，胡子論卦畫於後，合符節乎數百載之下，韙哉！

乃稱美胡一桂之《易學啓蒙翼贊》。其稱美胡著，表示他對《易學啓蒙》有相當研究，同時也對一桂此書頗有心得。至於他之曾經讀過邵康節的《易鑑明斷》，則可從下列文字知之。曰：

康節先生《（易）鑑明斷》，鄉者未見全書，最爲可恨矣。但倭人寫前之數段之與六十四卦卦下之左證而已焉耳。余寓京（都）等持寺之日，惠阜一元演藏主來告白，近日從賣書囊中得唐本《（易）鑑明斷》。就而看之，鑑明歷歷，倭人所寫者九牛之一毛也。爾後一元請還，而不敢還焉。及居勝鬘（院），稍得寸暇，以余之所抄校讎，則寫本者〈序卦〉之次第也，□（余）書者世魂八宮之次第也。卦之辭，文字大率無差誤，可喜。㊳

前文已說桃源開始撰著《百衲襖》的時間在日本文明六年（一四七四），亦即在明憲宗成化十年以前，他尚未見到邵康節的《易鑑明斷》之整部著作，則在十五世紀七十年代以前，邵氏這部著作之東傳日本的數量還不多。所謂「唐本」，就是宋槧本。

桃源研究《易經》的立場雖傾向於宋儒新說，但他也研讀漢唐古注而未予忽略。《百衲襖》卷一○，〈坤卦〉條云：

文公《本義》書，未得而見，程、朱《傳》、《義》，何人所集哉？又如弼本之次序，董楷所纂《（周易）傳義附錄》亦從之。然則鄭（康成）、王（弼）以下世儒之罪尚爲小。出於朱氏之門，學於朱氏之道，而不從其所定，而從（王）弼本之例者，其罪爲尤大，豈非文公之罪人也哉！今余之此《抄》，以王《註》、孔《疏》、程、朱《傳》、《義》合而一之，又罪人之一歟？雖然倭抄不足論之，既之謂假名，果有眞實者耶？可笑。一桂纂疏，想本《本義》矣，以未見爲恨耳。

亦即桃源研究易學時，是從漢唐古註與宋儒新註中找尋易理，故其《百衲襖》乃將王弼、孔安國、李鼎祚等人的古註，及程、朱等人的傳義，朱子的《易學啓蒙》，董楷的《周易傳義附錄》，元人胡方平的《易學啓蒙通釋》，明永樂年間（一四〇三～一四二四），胡廣等人奉勅撰著之《易大全》加以參酌，並加上他本人之見解而成者。由此觀之，日本中世禪林的易學研究，不僅披閱宋、元人的作品，也還鑽研明初問世的相關著作。

日本禪林既然閱讀上述各種易學著作，則他們之自中國進口這些漢籍，自不待言。惟這些書籍被東傳日本的確實時期，東傳數量，或東傳者爲誰，除辨圓圓爾携回者外，已無從查考。

四、五山禪林的易學研究

日本鎌倉時代的儒學研究以京都爲中心，而京都之儒學研究又可分爲以大江、中原、清原、三善、菅原及藤原南家、式家等公卿貴族爲中心之京都儒流，和與辨圓圓爾、蘭溪道隆、兀庵普寧、大休正念、鏡堂覺圓、一山一寧等，主要以自華赴日之禪僧爲主的禪林儒學。前者以漢唐古註爲依據，後者則根據宋儒新說，亦即主要根據朱子所註書從事儒學研究與教化工作。有關當時的王官貴族研究儒學的問題，因與本文主旨無關，姑且不談，在此僅就日本禪林之儒學研究，尤其對《易經》的研究情形作一番考察。

如衆所周知，宋儒性理之學爲與釋教或老莊之壯大幽玄的世界觀拮抗而樹立自己的世界觀之體系時，係以《易經》、《中庸》爲依據，故《易經》便隨著性理學的發展而愈益受到重視。㊴而周敦頤的〈太極圖說〉、〈通書〉，張載的《正蒙》之洋溢著易理，程頤有《易傳》四卷，朱熹有《周易本義》十二卷，《易學啓蒙》四卷，即可推知宋學重視《易經》之傾向。前舉辨圓圓爾帶回的經書中有不少易學方面的，亦當由此推知日本禪林對易學所表示之關心與興趣。日本禪林既傾倒於性理之學，則他們之對《易經》表示關心，乃自然趨勢。

說到日本禪林之學《易》的，當首推中巖圓月。中巖精於程、朱之學，曾於正中二年（元泰定帝泰定二年，一三二五）秋九月，二十六歲時來華學儒、佛，元弘二年（寧宗至順三年，一三三二）東歸。在中朝期間，曾與學士張觀瀾會晤，論無極、太極之義，及一貫不二之道。㊵

中巖的學問「錯綜三藏，收其秘詮。驅逐五車，嗜厥肥潤，揮筆萬言立就。」「日本緇林有文章以還，無抗衡者。」㊶他精通內外典，對易學之喜愛尤深。曾賦〈自壽〉七絕一首曰：

夜半之精天一水，利金流氣學乾方。策全大衍歷初度，置而不用自行藏。㊷

職此之故，江戶（一六〇三～一八六七）初期的大儒藤原惺窩（一五六一～一六一九）評之曰：「渠夫知《易》者歟？然而於《易》而未嘗易者歟？」㊸中巖著有《語錄》二卷，《東海一漚集》五卷，

《一漚餘滴》一卷，《中正子》、《藤陰瑣細集》（一名《藤陰瑣談》）二卷，《文明軒雜談》、《蒲室集註釋》、《日本紀》等。其中有關《周易》的，除前舉〈辨朱文公易傳重剛之說〉外，尚有〈復初說〉、〈溫中說〉㊹、〈龍躍池記〉㊺，及〈革解篇〉㊻等。其中〈革解篇〉可謂爲其易學之代表作。該〈篇〉云：

離下兌上革，〈序卦〉曰：「井道不可不革，故受之以革」。〈雜卦〉曰：「革，去故也」。中正子曰：「離，火也；兌，金也。火能克金，金曰從革，改更之，銷鑄之，可以爲器也。離之於時，夏也，於日爲丙，丙者，炳也。兌之於時，秋也。於日爲庚，庚者，更也。四時之運，春生夏養，秋殺冬靜。靜，故能生。生則養之，是則治之道也。既生既養而殺之，是革之道也。是故自離而兌，有革之象也。自乾之革，凡四十有九。是以〈象〉曰：治曆明時」。《易》曰：「已之日乃孚」。仲尼曰：「革而信之」。中正子曰：「改革之道，不可疾行也」。是故周公於初曰：「鞏用黃牛之革」。於次曰：「已日乃革之」。人心未信之之時，不可改也，人心已信之日，可以革之。

此乃中巖藉《周易》之言以論日本當時之政治應予興革。他認爲當政者原應行仁義之政，處處以人民之幸福爲念，而善體其保民之道，守其當政者之分，適其民之宜。若凶暴淫虐，滅絕天理，則謂之賊；如行不義，則顚倒錯亂，傷敗彝倫，則謂之殘。殘賊之人，天下叛之，成爲獨夫，人人得而誅之。因此，若天下黷武而大亂，就須出大勇猛心，戡定禍亂，從事大改革。惟在改革之際須注意者爲：「人心未信之時，不可改也，人心已信之日，方可革之」。此言乃針對當時日本國內動盪不安之局勢而發，希望其當政者能夠顧及民生疾苦，革新政治。他認為文治比武功重要，亦即城堡不固，甲兵不多，非國之災；田園不闢，貨財不聚，非國之害。㊼明乎此，可知仁與不仁，為國家興亡之分界線。㊽

由上述可知，中巖之《易經》研究，乃使它與現實的政治發生關聯，從而把握易理，以諷時政。更引《易經》以言「湯武革命順乎天而應乎人」㊾，以論革新政治之道。又，中巖有關易學之研究雖完全根據朱晦菴新註立說，而折衷程伊川及其他諸家之言以出新得，㊿但他並未盲從宋儒之說而有他自己之見解，此可由前引〈辨朱文公易傳重剛說〉獲得佐證。

時代稍晚於中巖的義堂周信（一三二五～一三八八）對《易經》也有相當之研究。《易》〈謙卦〉曰：

「謙，亨，君子有終。」程伊川曰：

謙，有亨之道也。有其德而不居，謂之謙。人以謙巽自處，何往而不亨乎？君子有終，君子志在乎謙巽、達理，故樂天而不競；內充，故退讓而不矜。安，履乎謙，終身不易，自卑而人益尊之。自晦而德益光顯，此所謂君子有終也。(51)

同卦〈象〉曰：「地中有山，謙。」程伊川曰：

地體卑下，山之高大在地中，外卑而內蘊高大之象，故為謙也。不云山在地中，而曰地中有山，言卑下之中，蘊其崇高也。若言崇高蘊於卑下之中，則文理不順，諸象皆然，觀文可見。(52)

義堂據此卦作字說曰：

於《易》〈謙卦〉有之，曰：謙，亨，君子有終。其〈象〉曰：地中有山。謙尊而光，卑而不可踰，君子之終也。……君子觀之，以道自牧，處卑而弗爭，居尊而能降。故位益高而不危，名益庳而不辱。厥道也不期乎亨而克亨矣，厥德也不待乎終而克終矣。是謙之道所以亨且終也。53

從這段文字看來，義堂不僅對此卦的卦義有充分的理解，而且還能將它應用自如而頗能傳其眞精神。除此一字說外，義堂也還根據《易經》作〈序賀淨頭頌軸〉、〈鼎用說〉，54及其他各種字說。由此亦可推知他對《易經》有相當之造詣。

就義堂之弟子心華元棣而言，他對《易經》也曾經下過不少功夫。他曾根據該經以說謙德與中道曰：

《易》有六十四卦，卦有六爻，封之德也，莫尊乎謙，始乎乾坤，終乎既濟未濟，悉有悔吝凶咎，唯謙獨莫有焉。天益焉，地流焉，鬼神福焉，而人好焉。尊而光，卑而不可踰，非謙之尊，孰與於此哉。爻之位也，莫大乎中，在初與上，則曰無位。在三與四，則曰多凶多懼。唯二與五，則曰多譽多功，非中之大，孰能與於此哉。云云。《易》曰：「謙，亨，君子有終」。《禮》曰：「中也者天下之大本也」，美矣哉！55

心華此言，宛如出自儒者之口，無絲毫出家者之氣息，其對易學之修養，可由此窺見其一端。

桃源瑞仙則將《易經》所謂太極解作相對未分以前的一味平等之境位，把它看作如禪所謂父母未生以前的本來面目。並且站在此一味平等，本爲山是山，水是水，柳綠花紅之萬般差別的世界之禪理，平等即是差別，差別即是平等；文殊即普賢，普賢即文殊之禪理上，以言太極是一味平等——文殊，六十四卦為萬般差別——普賢。故太極即六十四卦，六十四卦即太極。收之為太極，開之則為六十四卦，56而以禪理或大乘佛教之教理來解釋《易經》。這種解釋不僅充滿禪味，日本禪林易學之面目亦躍然紙上。57

桃源除對太極兩字作如上解釋外，對於《周易》之所以稱陽爻以九，稱陰爻以六，也有他自己的看法。曰：

初陽之數，一、三、五、七、九也，其中九者，陽數之極也，故云九，職是之故，皆附九字。曰：初九、九二、九三、九五、上九。陰之數，二、四、六、八、十也，因陰數之極為十，故應言十而不言十，乃因超陽之九而言十，將有違尊陽之義。陰退為主而言二，惟不言二而言六，乃舉其中數。陽者，君也，男也，故舉極數稱之。陰者，臣也，女也，故舉中數，言進退得其中之義也。故陰爻稱初六、六二、六三、六四、六五，此極數、中數之說，乃庵所任意猜測。58

又曰：

於此又有一疑惑。既云初九、初六，次爻是否亦應言二九、二六？然非如此而言九三、六三；九四、六四，是又何故？言第一以初為主，將初字冠以陰陽之數而云初九、初六。惟自第二以後何以將九、六置其上？此乃在初時已以初九、初六而將陰陽分開來說。因將陰陽分開為先，故自第二以後，以言陽與陰之心情說九二、九三，六二、六三，直言至九五、六五。在上不言九六、六六，而言上九、上六，其故在於言九六雖尚可，但言六六則易混淆而過於複雜，故亦不言九六。上乃居頂上之極位，故以上爲主，言上九、上六，此乃對初九、初六而說。此亦庵之主觀臆斷。59

自古以來，諸儒者對六、九的解釋不一，桃源也未祖述前人之說而表示其獨自的見解。虎關師錬雖亦以九爲陽之極數，六爲陰之中數，而取之稱爲陰陽二爻。惟虎關之所以如此說，其理由在於：第一、乾體三畫，陰體六畫，陽得兼陰，故其數九，陰不得兼陽，故其數六。稱陽、陰二爻以九、六，本此。第二、老陽之數九，老陰之數六。老陽、老陰皆會變化，而易以變化占之，故稱陽爻爲九，陰爻爲六。60因此，桃源與虎關所持理由，在根本上有差異。

又，《周易》六十四卦中，〈乾〉、〈坤〉、〈屯〉、〈隨〉、〈臨〉、〈无妄舉〉諸卦，在其卦辭雖舉元、亨、利、貞四德，《易傳》〈彖傳〉之言及四德者僅〈乾〉、〈坤〉兩卦，其他各卦則舉元、亨、貞三德而不及利。何以如此？桃源以爲其故在於：

〈隨卦〉，文王之彖辭者，具舉元、亨、利、貞之四而稱之，夫子之彖傳云者，云元、亨、貞而不云利，何也？孔疏於卦辭下專說四德，旁及有四德之諸卦，各論其輕重，而〈彖〉不言利之事，置而不論，是可疑也。伊川、紫陽亦說不至此，豈有意乎？不知夫子舉三德，其中包含於利耶？元、亨、利、貞之四字，在文王爲二，分爲四德者夫子也。然則卦辭雖省之，〈彖〉位宜具舉之，豈其先而文王之所言者，後而夫子之宜削哉！以愚推之，同是元、亨、利、貞，夫子在〈乾〉則以爲四德，在〈隨〉則以爲三德歟？按：〈屯卦〉彖傳中曰：「大亨貞」，不言利是也。〈臨卦〉彖亦曰：「大亨以正」，而不曰利是也。〈旡妄卦〉彖傳復亦曰：「大亨以正」，而不曰利是也，今此〈隨卦〉亦如是。唯如〈坤卦〉，彖曰：「至哉坤元，萬物資生」。又曰：「含弘光大，品物咸亨」。又曰：「柔順利貞，君子攸行」，是皆言四德也。凡卦辭言元、亨、利、貞者六卦，而夫子爲四德者，〈乾〉、〈坤〉而已焉耳。至〈屯〉、〈臨〉、〈旡妄〉、〈隨〉四卦，則合利、貞爲一，故不言利而言貞，蓋利在貞，利在正之義矣。管見如此，以竢博聞。61

亦即桃源認爲〈屯〉、〈臨〉、〈旡妄〉、〈隨〉四卦之彖傳之所以不言利的原因在於利在貞，言貞而涵蓋利所致。〈革卦〉雖亦與此同例，卻未言及，當係漏看所致。62

大家都知道王弼本將自〈乾〉至〈履〉之十卦爲〈乾傳〉第一，自〈泰〉至〈觀〉之十卦爲〈泰傳〉第二。桃源認爲王弼之所以作如此區分的理由在於：

從〈乾〉、〈坤〉至〈履卦〉，已是十變十成數也，陰陽之氣一周矣，則編爲〈乾傳〉第一，豈不宜也哉！夫〈乾〉、〈坤〉十變陰陽一周之後，至〈泰〉方始，〈乾〉、〈坤〉相交，是便周而復始之義焉。〈泰〉反對而爲〈否〉，此即〈泰〉之一體變成二也。而後〈乾〉、〈坤〉異處，〈乾〉與〈離〉相遇爲〈同人〉、〈大有〉，此兩卦皆得〈泰〉下體之〈乾〉。〈謙〉、〈豫〉二卦又得〈泰〉上體之〈坤〉矣。〈隨〉、〈蠱〉若無〈豫〉、〈乾〉、〈坤〉，其實〈乾〉、〈坤〉之三陰三陽雜居，是亦得〈泰〉之體也。以至〈臨〉、〈觀〉，而〈坤〉與〈

兑〉、〈巽〉相遇也，謂非得〈泰〉之一體可乎？然則之謂〈泰傳〉第二，不爲無其理者也，是亦庵臆說而已矣。63

至於〈說卦〉傳前半之有新、古兩註，後半則無古註而新註亦僅著數字，桃源乃以之爲憾而傾其力以嘗試解釋，且言其作釋時所費苦心曰：

〈說卦〉之一篇者夫子第八之〈翼〉也，自粗而細，至微而章，七縱八横，說得妙矣。然韓康伯註解不及，第七章以下不措一辭，孔穎達唯釋一半，而義多不合者。至若伊川《傳》，上下經而已矣。〈繫辭〉兩篇并說，〈序〉、〈雜〉則闕焉，往往猶有所謂附錄者或之謂之後傳，而獨朱文公至上係下係，益精舉而無餘蘊矣。從〈說卦〉第六、七章以下，僅不過著數字，縱有附錄，什之一二耳，不知爲不足解之而不爲乎？抑亦欲使學者著眼于此也耶？余故於是不可不盡力焉。及乎第十一之章，質之六十四卦三百八十四爻之辭，而旁取諸象象繫文之翼，無不牽合會通矣。其檢閱之爲勞也，爲不學者難語之。雖云古之三絕、三折不多讓者乎。目爲之赤，肩爲之腫，然而手未嘗釋筆，眼未嘗廢書，遂畢功于（文明九年，明憲宗成化十三年，一四七七）春之仲之初九也。64

上文所言固爲桃源對《易經》之內容、解釋方面所表示之見解，但對卦名的讀法方面也有他自己的看法。他說當看六十四卦之卦名時，多先舉卦名，後錄說明文字，故其讀法在卦名斷句，然後說明文字爲常例。惟〈履〉、〈同人〉、〈艮〉三卦，卻自古以來讀如：履虎尾，不咥人，亨；（履卦）；同人于野，亨（同人卦）；艮其背，不獲其身（艮卦）。以履、艮二字爲動詞，同人與于野連成一句，俱不以之爲卦名而爲卦辭。王註、孔疏俱未言其故，朱子則以爲係欠缺卦名者。惟桃源未從朱說而有他自己之觀點。認爲〈履〉、〈同人〉二卦之以卦名文字爲卦辭而無卦名，並非聖人作《易》之意。曰：

余孰思之，聖人之作《易》，未嘗容易，豈輕欠少一字，何況於爲卦者乎，不少了決矣。然則以履、同人爲卦名則可耳，未必履虎尾三字連讀，同人于野四字爲句。若愚管見，言：履，虎尾，不咥人，亨；同人，于野，亨。利涉大川，利君子貞，未嘗害其爲卦辭也。夫履之爲卦，陰柔之兌，而進逼剛陽乾之後，故有虎尾之象而已，未必履踐其尾，是則繼之所以不咥人也。若有人既履其尾，則使其柔易如隆藏主，豈有不咥人之虎哉！㊺

又曰：

至若六三之於九四，眇目跛腳而不覺蹈著虎尾，則果見其咥人，於理不可謂迂乎？〈同人〉之爲卦也，火之炎上于天者大同而非小也。文王作辭，宜云同人，同人于野。然上承伏羲之文，而直接云于野。若疊而言之，其爲辭亦似重複。既舉卦名，則卦義便見。故帶其語勢，以作其辭，蓋言同人者于何處，必于野也。夫見得文王之文從其省，故其〈彖傳〉曰：「同人柔得位得中，而應乎〈乾〉曰同人」。〈同人〉曰：「同人于野云者，意欲補其省處也，是特疊之耳」。程、朱《傳》、《義》，皆以同人曰之三字爲羨文，恐未究乎此兩卦解之謂。伊川、紫陽未發之妙，不爲不敢當矣，使二位先生復生，其必有頷之。66

這樣看來，桃源不僅對《易經》有相當之研究，而且在某些方面有其獨到之見解，並非一味承襲前人之說。

桃源雖將太極解作相對未分以前的一味平等之境地，把它視如禪宗所謂父母未生以前的本來面目，但景徐周麟（一四四〇～一五一八）卻言太極與佛性之相同曰：

佛之言性，其體大而無外，天地人物從此出，與《易》有太極而生兩儀、四象、八卦，其旨相合者也。太極則佛所謂性也，但有聞而論之，與見而說之之異也。67

只因景徐是出家人，故仍以佛家的立場見此佛性——見性，惟儒者卻只聞而論之，與見而說者有異，所以他認爲禪較儒優異。68

除上舉諸人外，我們也可從仁如集堯（一四八三～一五七四）所著《縷冰集》卷下，得知仁如曾應惟杏永哲等禪僧之要求，爲他們講解《周易》，69琴叔景趣的《松蔭吟稿》，雪嶺永瑾的《梅溪集》，春澤永遠的《枯木稿》等，也都記錄著與讀《周易》有關的篇什，而在在反映易學在當時的日本禪林流行之情形。

五、五山禪林對易學的應用

日本禪林既已對《易經》研究有相當之心得與成果，則他們自然會像研究其他儒書一樣，將其心得應用於其日常布教之上。就其對當政者而言，即如上文所說，中巖圓月曾把研究《易經》的心得與現實政治發生關聯，諷諫其剛打倒鎌倉幕府，正欲親政以從事政治改革的後醍醐天皇，乃應用該經，言「秋之味辛」，「辛者新也，艱也。是以爲國家行制令之新，則蚩蚩庸庸無知之民不習熟，故以艱辛不便之患偶語於朝廷，流言於天下，故兌爲口舌」，故「庚革之道，不宜速疾」。⑩因改革之道爲天下大利，故君人者及率衆者不可不知。⑪所以他不僅使易學與現實政治發生關聯，也從而把握易理，以諷諫其國家元首。⑫此語固爲中巖對《易經》作學理的解釋之言，但也充滿了他對時政所表示的關心。只因他對時政表示關心，所以當他呈獻自己撰著之〈原民〉、〈原僧〉兩篇給後醍醐而附〈上建武天子表〉時，也在該〈表〉中引《易經》「湯武革命，順乎天而應於人」之句，以言革新政治之道。⑬

就義堂周信言之，大家都知道在他一生中，除深厚的儒學修養與崇高的佛學修養外，值得大書特書的就是盡力於儒的侯伯教化。他曾爲關東管領（職稱）足利基氏（一三四〇～一三六七）說仁義，講治國之道，啓沃甚力。⑭貞治三年（元順帝治正二十四年，一三六四），當基氏獲銅雀硯而愛不釋手時，義堂即勸誡之曰：

人君修德，則遠人歸，方物至，理必然也。惟我府君果能修其德以待物，則四夷八蠻之國，珠翠象犀之貢，威弗加而自服，譯弗重而自獻，豈止是研（硯）而已矣，但玩物喪志，則君子不取。⑮

人性之內涵有欲與情，欲爲取，爲成己——私；情爲予，爲成物——公。欲多於情則人欲橫流，無惡不作，情多於欲，則樂善好施，明德至善。因此，義堂勸基氏以修德爲重，使遠人歸，使衆庶擁護自己有如衆星之拱北辰。

基氏去世後，乃子氏滿繼其職位，而義堂亦擔負輔導任務。義堂要求氏滿勤奮好學，注意日常修爲，要瞭解、遵行五常之道，否則政事不行。⑯復引《周易》「其亡，其亡，繫於苞桑」之句，以諷當政者培養不動心的根柢之重要。曰：

《易》曰：其亡，其亡，繫于包（苞）桑。是則所以持滿之術也。凡魔事發心，凡動則魔必乘隙，不動則魔自退矣。⑰

又當室町幕府（一三三六～一五七三）第三任將軍足利義滿（一三五八～一四〇八）與他談論有關周文王、武王的政治之際，義堂謂：

修德爲文，止戈爲武。武之用，在安天下，不必事干戈。故武王誅紂，戢兵修文。《尚書》〈武成〉曰：「偃武修文」，是也。⑱

義滿復問：「是否該讀《周易》」？義堂答曰：

《易》，知命之書也，凡天地人三才，萬物，皆收在其中，非口傳不可曉。云云。⑲

由義堂的此一答話看來，五山禪林不僅鑽研《易經》的經義，也認爲它與個人之時運的隆替，人生之窮通有關。因此，它也就被認爲當政者必讀之書而加以重視。

岐陽方秀則藉禪理以說明易理，藉《易》之思想來解釋禪，將釋迦在菩提樹下的開悟比作包羲氏之畫卦，從而斷言只要通達《易》之根本原理，便能瞭解佛祖之思想與其行止。㊱故他曾在其所著《不二遺稿》〈即中字說〉言：

其所謂佛即是心云者，即〈坎卦〉之象也；所謂心，即是佛云者，即〈離卦〉之象也。

岐陽對易學所發之言雖未逸出禪家之範疇，卻可由此窺見他對此一學術所表示之關心。由於他常藉《易》之思想來釋禪，所以每每引用《易經》文字來表達自己的見解。例如：

《周易》〈離卦〉曰：「離，明也」，明也者，明德也。明德也者，乃吾聖人之德，所謂一心也。人人之所具，素有之大本，寂而常照，照而常寂，若止水焉，若明鏡焉，若帝網珠焉。然則明德，一心之用；一心，明德之體，惟人不明之作狂，惟狂克明之則作聖。聖之與狂，其在一心之明與不明也歟？㊲

又如：

夫〈離〉之爲卦也，其中乃虛；〈坎〉之爲卦也，其中乃實。實即虛，虛即實，所以且交且互者，在乎其中也。大哉！中之爲道也，吾佛設教，敘其緣起，則曰染，曰淨而已。若夫眾生苟迷此心，則惑也，業也，果報也，實乎險耶？流而不返，其義蓋取乎〈坎〉者也。一旦或資於人，或資於書，幡然警厲奮發，克自變天不美之質，明至善之德，則信也，解也，行證也，虛乎無耶？照照然，赫赫然，雖夫千日並照，其明不可爲之喻焉，其義蓋取乎〈離〉者也。但染淨雖殊，而所以爲中之道，不可以不同也。其又淨即染，染即靜，猶〈離〉不離乎〈坎〉，〈

坎〉不離乎〈離〉也，而咸具於一心之中焉者也。⑧²

此固為融合儒、釋以立說，卻引用朱熹之居敬窮理，及《易》之〈離〉、〈坎〉二卦來說明修心之法，而能將它們融為一體，可謂巧妙之至。岐陽對易學的態度如此，那麼他的高足雲章一慶及翱之慧鳳對此一方面的學術之態度又如何？

雲章除禪修外，也喜愛程子之說而曾製〈理氣性情圖〉，及〈一性五性例儒圖〉，惜俱已佚亡。如據《日本名僧傳》的記載，他「始讀《周易程朱傳義》」。《傳義》乃元人董楷所編，係將以義理為主的伊川之《易傳》，與象數為主之晦菴的《易本義》合而為一者。亦即在日域始讀董氏此書者為雲章。⑧³此書乃隨朱子學派之隆盛而流行，日本則在戰國時代（一四六七～一五六七），及江戶時代盛讀此書，直至山崎闇齋（一六一八～一六八二）出而覺其非，將朱氏《周易本義》析出另行發刊為止，一直居於日本易學界的重要地位。因雲章係介紹《周易程朱傳義》的第一人，故在日本程朱學發展史上厥功至偉。⑧⁴

翱之亦精於《周易》，認為周濂溪是得孔子易道之精髓著。他曾概觀中國易學之發展情形曰：

犧、昌、丘、旦，果聖乎？吾不得而知也。輔嗣、康伯，果知聖乎？吾不得而知也。自孔瞿心付，雖蔓衍廣被，醇氣朽焉，率作卜占術算之細技，迂誕日張，浮議稽天。七國以來，牽引附攀，以自作傳註者，不知其幾千萬家，指馬交吻而不知決，喻如黃口小兒爭事且怒且啼，薄雠相結，豈不發四聖人之一笑乎。及趙宋春陵周翁，以光風霽月之資，啓無極之秘壺，於是乎乾

坤二曜之理，悔吝消息之義，霧披而天覩矣。故不惜遊於韓、王之荊棘，而達孔瞿也。㊏

此言易學長久墮於占卜、術數之細技，致《周易》的眞理爲牽強附會之說所籠罩。直至周濂溪出，《周易》的眞義方纔再度放出光芒。據此以觀，翺之所鑽研者係以周、程、朱之學說爲宗，亦即其立場在解釋經傳方面，非卜筮之術。

又，如據〈綿谷（周）瓞禪師行狀〉的記載，綿谷周瓞曾聽田一書記講授《易經》，且持有實田元穎與釋法會（慧）玄印在卷末題字之《易經》本子。該〈行狀〉云：

又寓八坂小庵，聞田一書記講《易》。予爲付《易》本，此乃予俗叔一心性庵所持，末有穎賓田、玄會法印記，實可爲珍惜者也。

如據芳賀幸四郎的研究，實田（應永四年，洪武三十年，一三九七歿）乃義堂曾經私淑的前輩，㊐義堂之易學修養或許得自他。而橫川景三之《補菴京華別集》所錄〈子龍字說〉與〈招子龍少年遊江南詩〉兩篇什之根據《周易》立言之處頗多。至於海會寺住持季弘大叔（一四二一～一四八七）爲正易書記所撰〈太極字說〉所言：

六爻未動氣潛回，萬象森然莫□該。混沌已分後消息，花開一起□頭梅。

不僅表示季弘本人的易學研究傾向於宋學，也從而看出他將其研究此一方面的心得應用於其日常弘揚佛法方面。

如大家所知，易學有解釋《周易》經文的正統易學，與以《命期經》爲中心從事占筮的別傳。當

《易經》東傳日本以後，不知從何時開始，這占筮術也被東傳到日域。迄至室町末期，此專爲判斷吉凶、命運的占卜，卻經由近江（滋賀縣）山上水源寺傑源之法嗣柏舟宗趙傳至五山禪林之間。結果，遂使此一學問在五山禪僧之間開展。月舟壽桂云：

禪至無參，爲之妙也，然不可不參焉。《易》至不傳，爲之極也，然不可不傳焉。《易》之難傳，傳而難記，其爲算數乎？關一栢震上人，治《易》而入禪矣。頃年西遊，寓居洛（京都）下。洛人云：「《易》東矣！今則《易》西矣」，於是學生從之，其足憧憧，治《易》之妙，專在算數。萬物閏月，六日七分，絳老亥字，玄英命期，得於心，應於手，歷歷覩掌中果。學生咸謂：「不圖千載之下，復見一行麻衣道人」。予曰：「麻衣之《易》，精則精矣，出于程、朱之先，未窺程、朱之奧，豈無遺憾哉」！上人本于王、韓、馬、鄭，擴以邵、張、程、朱。朱子啓蒙，霧散日出，快哉！⑧⑦

又云：

甲辰（戌？）之秋，製〈命期經軌數（限）盈縮圖〉示予，需跋之後。披之則不勞乘除，以推盈縮，俾人自然知命之所期，軌之所限，可尚矣。……上人平生謂學生曰：「命期之經，自古而傳，然不可屢用焉。世溺於此學，自定後事，指某年尅某月某日，取嘲于一時，往往有焉。恐學《易》之未臻其極乎」？予聞其説，益信上人學之至也。上人參吾幻住門下之禪，具一隻眼，豈曹洞氏就黑白圖上考重離六爻變之徒也哉！《易》乃承于前泉龍夢庵。夢庵爲明鑑祖嫡孫，而無齒大蟲也。⑱

由以上看來，五山禪林不僅研究正統易學而將其應用於日常弘揚佛法及人事往來方面，曾幾何時，竟又有部分禪僧學習卜筮之術，致一栢和尚之以《命期經》爲中心的易學從京都地區開展，終於在彼等禪僧中有以占筮獲戰國大名⑲之聘者漸多，更有跟隨那些武將上戰場，爲即將到來之戰鬥預卜吉凶，或爲其建造城堡占卜可否者。例如：足利學校九世庠主閑室和尚之從德川家康（一五四二～一六一六）參加關原之戰（一六〇〇），⑳及爲毛利輝元（一五五三～一六二五）占卜建築萩城的吉凶，㉑即其顯著例子。所以日本禪林在其中世前半固以經傳研究爲重點，而重視學問研究，但至後半期，竟將研究目標逐漸轉移到占卜方面，從而將其實用的關心與兵學結合在一起而世俗化。這種現象當是將易學東傳日域之先賢始料不及者。

六、結　語

因孔子尊崇易學，鄭玄復在〈六藝論〉中言：「《易》者陰陽之象，天地所變化，政教之所生。」劉歆更以《五經》爲教導仁、義、禮、智、信五常者，且將《易》置諸《五經》之首，所以《易經》所居地位便較他經爲高，此一觀點成爲日後儒學之傳統。尤其宋學爲與佛教或老莊之壯大幽玄的世界觀拮抗，而根據《易經》、《中庸》建立自己的世界觀之體系，故《易經》乃隨著宋學之興隆而益發受到重視。由於日本禪林所受宋學之影響極深，而宋學的開拓者周敦頤的〈太極圖說〉、〈通書〉；張載的《正蒙》;程頤的《易傳》;朱熹的《周易本義》、《易學啓蒙》之又充滿易理,所以他們也與周、張、程、朱一樣的重視《周易》。

將易學納入禪教體系,始自晚唐。此可由曹洞宗開山洞山良价(八〇七～八六九)〈寶鏡三昧〉所謂:

不去不來,不起不住。婆婆和和,有句無句。終不得物,語未正故。重離六爻,偏正日互。疊而成三,變盡成立。

得而知之。此固爲宋學成立以前之作品,但禪林之受易學的影響,實在於宋學成立之數百年前。就以元代僧侶高峰顯日言之,我們也可從其《語錄》所謂:「二儀生成之本,兆乎混沌未開之前。萬物變化之元,萌於初爻無象之時」㉜之句獲得佐證。

我們不僅從日本中世禪林遺下的汗牛充棟之論著中發現他們自中國東傳的許多有關易學的論著,也可從而得知他們研究《易經》與其成果,及將易學應用於其日常弘揚禪教的情形。日本中世禪林的易學研究,至桃源瑞仙達到最高峰。他們非但對《易經》的經傳研究頗有心得,更能推陳出新而有其自己獨到之見解。更能將自己的研究心得撰著成爲《周易抄》,或各種字說、詩詞。惟至中世後期,研究《命期經》興盛以後,利用《周易》推演命理之風盛行,更有隨武將赴戰場,或爲其修築城堡而占卜者。結果,原以《易經》之經傳研究爲重心之易學研究,竟淪於占筮方面。故中世後期的此一領域之學術研究,到了最後便由專事卜筮之實用的關心與兵學相結合。㊸而日本中世禪林的易學研究開展之方向，應與他們之世俗化有關。

得在此附帶一提的是日本公卿、貴族之學《周易》，因受孔子「五十以學《易》」的影響，竟有人認爲「五十歲以前不應讀《易》」。復因過於尊崇《易經》，遂將它視爲「知命之書」，且深信「不至五十，學《易》將遭殃」。故在其博士之家不傳授易學的「家說」，致此「家說」斷絕不傳。在此情形下，復因禪林的易學研究盛行，禪僧們遂在此一方面的學術研究，也取代公卿、貴族而執其牛耳，日本此一學術領域之命脈因而得以維持。抑有進者，隨著禪林研究易學風氣的開展，根據宋儒新說的易學便逐漸滲透於王官貴族之間，從而給它注入生氣。旋又在兩者之間的相互交流，終於奠定日本近世儒林易學的基礎。94

【註釋】

①：鄭樑生，《日本通史》（臺北，明文書局，民國八十二年十二月），頁一五〇～一五一。

②：平將門之變，亦稱天慶之亂。平安中期以來，以高望王爲始祖的桓武平氏在關東各地擴張其勢力。其孫將門亦繼承乃父位於下總（千葉縣、茨城縣）之土地而逞其聲勢。然因其父留下的土地問題，與其族人發生爭執，終於承平五年（後唐廢帝清泰二年，九三五）弒其叔國香，因而受叔良兼、良正，國香之子貞盛等人之攻打，但在常陸（茨城縣）、下野（栃木縣）、下總等地加以擊破，於天慶二年（後晉高祖天福四年，九三九），由武藏權守興世王、源經基，足立郡司武藏武芝居間調停。但源經基竟向朝廷奏報將門謀叛，將門致受審問。又，常陸居民藤原玄明抗繳田賦而受國司通緝，乃求救於將門。因此，將門乃縱火焚燒常陸國府，且聽從興

世王之建議，擬兼併關東八國而攻陷上野（群馬縣）、下野國府，自稱「新皇」。更於下總猿島郡右井城修築王城，敍任文武百官，以其族人爲關東之國司。翌年，朝廷雖以藤原忠文爲征東大將軍，遣軍征討，然在此之前，平貞盛與藤原秀鄉聯手攻打將門。將門遣下野之兵馬迎戰，卻在猿島敗歿。

③：藤原純友之亂，藤原純友被命爲伊豫（愛媛縣）掾，前往任所；卻與瀨戶內海之海盜沆瀣一氣，橫行其任所一帶。承平六年（後晉高祖天福元年，九三六），雖由紀淑人加以平定，卻以伊豫之日振島爲據點，刼掠政府公物與民間私財。繼則侵犯讚岐（香川縣）國司，奔向阿波（德島縣）國府。天慶三年（天福五年，九四〇），小野好古、源經基以追捕使西下。純友因部屬藤原恒利之背叛而一時敗逃至大宰府（福岡縣），但爲征西大將軍藤原忠文所逐而復返伊豫，終爲警固使橘遠保所捕殺。

④：芳賀幸四郎，《中世禪林の學問および文學に關する研究》，（京都，思文閣，昭和五十六年十月），頁七一。

⑤：此事並見於東京公文書館藏清原宣賢自筆鄭玄註《禮記》。

⑥：同註④所舉書頁四六。

⑦：羅整庵，《困知記》，卷二。

⑧：《河南程氏遺書》，第七。

⑨：同前註書，第六。

⑩：同註④所舉書頁四八。

⑪：《朱子年譜》所引《語錄》。

⑫：《佛祖通載》。

⑬：虎關師鍊，《濟北集》，卷一七，〈通衡〉之二。

⑭：同前註。

⑮：虎關師鍊，《濟北集》，卷二〇，〈通衡〉之五云：「晦菴《語錄》云：釋氏只四十二章經，是他古書，其餘皆中國文士潤色成之。《維摩經》亦南北朝時作。朱氏當晚宋稱巨儒，故《語錄》中品藻百家，乖理者多矣，釋門尤甚。諸經文士潤色者，事是而理非也，蓋朱子不學佛之過也。夫譯經者，十師成之。十師之中，潤文者時之名儒，奉詔加焉者多有之矣。宋之謝靈運，唐之孟簡等是也。文士潤色實爾，然漢文也，非竺理矣。朱子議我而不知譯事也。又，《維摩經》南北朝時作者不學之過也，蓋佛學西來，先上奏然後奉詔譯之，豈閑窗隱几僞述之謂乎？況貝葉字不類漢書，故十師有譯語，有度語，漢人之謬，妄不可納矣。是朱氏不委佛教，妄加誣毀，不充一笑。又云：《傳燈錄》極陋。蓋朱子之極陋者文詞耳，其理者非朱氏之可下喙焉。凡書者，其文雖陋，其理自見。朱氏只見文字，不通義理，而言佛祖妙旨爲極陋者實可憐愍。夫《傳燈》之中，文詞之卑冗也，年代之錯違者吾皆不取。然則佛祖奧旨，禪家要妙，捨《傳燈》，猶何言乎。朱子不辨，漫加品藻，百世之笑端乎。我又尤責朱子之賣儒名而議吾焉。《大惠年譜》〈序〉云：朱氏赴舉入京，篋中只有《大慧語錄》一部，又無他書。故知朱氏剽《大慧》機辨，而助儒之體成耳。不然，百家中獨持妙喜語耶？明是王朗得《論衡》之謂也。朱氏已宗妙喜，卻毀《傳燈》，何哉？因此而言，朱氏非醇儒矣」！

⑯：中巖圓月，《東海一漚集》，卷二，〈辨朱文公易傳重剛之說〉。
⑰：中巖圓月，《中正子》〈問祥篇〉云：「夫伊洛之學，張、程之徒，夾註孔、孟之書，而設或問辨難之辭」。又云：「苟不得佛心者，縱使親口佛語，亦非禪也」。更云：「儻不本佛心，而固執而若此等語爲禪者，伊洛家流，何異之耶？可言禪乎」？
⑱：桃源瑞仙，《百衲襖》，卷二三，〈序卦〉。
⑲：季弘大叔，《蔗軒日錄》〈先天字說〉。
⑳：月舟壽桂，《幻雲集》〈天溪說〉。
㉑：翺之慧鳳，《竹居清事》〈太極說〉。
㉒：同前註書，〈對友人問〉。
㉓：岐陽方秀，《不二遺稿》，卷上，〈送連山知客歸山陽敍〉。
㉔：梅屋宗香，《鷗庵集》〈凌雲寺殿傑叟秀公大居士香語〉。
㉕：同前註書，〈祖天〉。
㉖：碩鼎頤賢，《頤賢錄》，卷下，〈易本尊贊〉。
㉗：琴叔景趣，《松蔭集》。
㉘：同前註。
㉙：雪嶺永瑾，《梅溪集》。

㉚：足利衍述，《鎌倉室町時代之儒教》（東京，有明書房，昭和四十五年五月），頁一三～三一。
㉛：木宮泰彥，《日華文化交流史》（東京，富山房，昭和四十年五月，二版），頁三七一～三七八。
㉜：《聖一國師語錄》。《延寶傳燈錄》，卷二〇。《本朝高僧傳》，卷二三。
㉝：同註⑯。
㉞：如據岐陽方秀，《不二遺稿》，卷下，〈與一菴和尚書〉，則當時岐陽向一菴一如所要求之佛教經典如下：
一、華嚴清涼國師大疏，晉水源節錄注經者百二十卷演義鈔六十卷、科文二十卷。
二、圭峰行願品記、原人發微錄、禪源詮都序，此三部本國未見科文。
一、起信論圭峰密師書。
一、雪庵受禪師括擿李長者華嚴樞要束爲三卷者，本國未見此本。
一、夢堂所編新修科文六學高僧傳。
按：上述諸書，可能經由日本貢使，或明朝所遣使節東傳日本。
㉟：參看芳賀幸四郎，《中世禪林の學問ぉよび文學に關する研究》，頁七七。
㊱：《日本名僧傳》。《續本朝通鑑》，卷一七四。
㊲：參看註三五所舉書頁八〇。
㊳：桃源瑞仙，《百衲襖》，卷三。
㊴：芳賀幸四郎，前舉書頁七一。

㊵：中巖圓月與張觀瀾討論太極無極之義，及一貫不二之道後，賦下舉之詩贈之曰：「客邸細讀觀瀾文，風清四座收塵氛。三復之後猶未厭，無那冬日將黃昏。夢中得句參李杜，郊島瘦寒何足云。詩之於道爲小技，試將大道俱相論。究盡幽明歸無極，一貫儒佛空諸群。楊墨申韓寧復數，莊老虛無猶弗援。天賜先生不失時，今上政是清明君。竚看場屋得意後，護法著論毋相諼。（《東海一漚集》，卷一）

㊶：《本朝高僧傳》，卷三二，〈中巖傳〉。

㊷：中巖圓月，《東海一漚集》，卷三。

㊸：藤原惺窩，《惺窩文集》，卷一二，〈答正意〉。

㊹：中巖圓月，《東海一漚集》，卷二。

㊺：中巖圓月，《藤陰瑣細集》，卷下。

㊻：中巖圓月，《中正子》。

㊼：中巖圓月，《中正子》〈經權篇〉。

㊽：鄭樑生，〈日僧中巖圓月有關政治的言論〉，收錄於《淡江史學》第六期（淡水，淡江大學歷史學系，民國八十三年六月），頁九三～一一〇；及鄭著，《中日關係史研究論集》，六（臺北，文史哲出版社，民國八十五年二月），頁六三～九二。

㊾：中巖圓月，《東海一漚集》〈上建武天子表〉。

㊿：足利衍述，前舉書頁二六五。

㊿1：程頤，《易程傳》（臺北，文津出版社，民國七十九年十月），卷二，頁一三七。
52：同前註書頁一三九。
53：義堂周信，《空華集》，第十五，〈高山字說〉。
54：義堂周信，《空華集》，第十五。
55：心華元棣，《業鏡臺》〈謙中說〉。
56：桃源瑞仙，《百衲襖》，卷五。
57：芳賀幸四郎，《中世禪林の學問および文學に關する研究》，頁八二一。
58：桃源瑞仙，《百衲襖》，卷九，〈乾卦〉。
59：同前註。
60：虎關師錬，《濟北集》，卷一九，〈通衡〉之四云：「六九之義，諸家異說，不易枚舉也。今只以尤易明者語汝。夫物之數也，有形者易窮也，無形者難窮。夫天之數，始於一，終於九；地之數，始於二，終於十。今以九稱陽者，天之極數也，以六稱陰者，地之中數也。何陰而稱中，陽而稱極乎？蓋無形者，雖取極不窮，何也？無形故。是天之理，陽之數也，有形者取極則窮，何也？有形故。是地之理，陰之數也。是以易家取坤以中，故稱大焉，蓋用中之義。上下參互，無窮故。取乾以極，故稱九焉，無形而無窮故，是六九之易，明之義也。」
61：桃源瑞仙，《百衲襖》，卷一三，〈隨卦〉。

62：足利衍述，《鎌倉室町時代之儒教》，頁四〇六。
63：桃源瑞仙，《百衲襖》，卷一三，〈觀卦〉。
64：同前註書，卷二二，〈說卦〉。
65：同前註書，卷一二，〈同人卦〉。
66：同前註。
67：景徐周麟，《翰林胡蘆集》，卷八，〈栢春字說〉。
68：參看芳賀幸四郎，前舉書，頁八三。
69：仁如集堯，《縷冰集》，卷下有如下一偈，景徐在偈前書曰：「惠日惟杏、誠叔兩座元，丙寅之夏令予講《周易》六十四卦，予亂道了，賦一偈贈之。」其偈則曰：「誰知《周易》不傳〈傳〉，豈以言端更可宜。宜具活義皇正眼，梅開太極未分先」。
70：中巖圓月，《中正子》〈革解篇〉。
71：同前註。
72：參看鄭樑生，〈日僧中巖圓月有關政治的言論〉。
73：中巖圓月，《東海一漚集》，卷三，〈表〉。
74：足利衍述，前舉書，頁二七三。
75：義堂周信，《空華集》，卷一八，〈銅雀硯記〉。

76：義堂周信，《空華日用工夫略集》，應安七年（一三七四）十月二十四日條。
77：義堂周信，前註書應安六年（一三七三）三月十九日條。
78：義堂周信，前註書永德元年（一三八一）十二月三日條。
79：同前註。
80：芳賀幸四郎，前舉書頁七七。
81：岐陽方秀，《不二遺稿》，卷下，〈明說〉。
82：同前註書，卷下，〈即中字說〉。
83：足利衍述，前舉書頁三六八，及芳賀幸四郎，前舉書頁七七，對雲章一慶認爲董楷編《周易程朱傳義》的說法持存疑的態度。
84：足利衍述，前舉書頁三六八～三六九。
85：翺之慧鳳，《竹居清事》〈對友人問〉。
86：芳賀幸四郎，前舉書頁八三。
87：月舟壽桂，《幻雲稿》〈跋命期經軌限盈縮圖後〉。
88：同前註。
89：戰國大名，在日本戰國時代（一四六七～一五六七），於全國各地割據一方的大地主。成爲室町幕府之權力基礎的守護大名（由守護〔職稱〕形成之大名），自應仁之亂（一四六七～一四七七）後，其領國的支配權爲其家臣之「守護代」、「國人階層」所奪而沒落。故守護大名之能維持其地位至戰國末年者僅有武田、今川、大友、島津數氏而已。其逐主家而成爲守護大名者則有後北條、長尾（上杉）、齋藤、朝倉、織田、長曾我部、龍造寺、有馬諸氏，史稱戰國大名。這些戰國大名以「國人」、地方勢豪階層爲「給人」，將他們組成家臣團，加強其對農民的直接統治。並且爲使其專制統治及於以政治、經濟爲始的所有領域，乃制訂「分國法」（家法），從事「城下町」之建設，並從事戶口、土地之調查、保護、統制工商業，開墾新田，開鬫灌漑設施，整備驛站。戰國時代的社會乃在組織上較前一時代進步。爲統治這種進步的社會，便出現爲統一此每一大名的社會。亦即各個戰國大名彼此之間，以激烈的戰鬥方式相互鬥爭，終於出現織田、豐臣氏。更因德川氏繼其餘緒而終於出現幕藩體制。通常所謂「大名」，係指幕藩體制下的諸侯而言，與守護大名，戰國大名有別。

⑼：《足利學校由來記》〈閑室〉條。關原之戰，慶長五年（明神宗萬曆二十八年，一六〇〇），發生於美濃（岐阜縣）關原的戰役。豐臣秀吉（一五三六～一五九八）死後，由其生前任命之德川家康、前田利家、毛利輝元、宇喜田秀家、小早川隆景（死後由上杉景勝擔任）等所謂五大老輔佐幼主秀賴施政。另有同爲秀吉任命之五奉行——前田玄以、淺野長政、增田長盛、石田三成、長束正家等參與政治中樞，處理行政業務。關原之戰乃以五大老之最具實力的德川家康爲中心的一派——東軍，與以五奉行之一的石田三成爲中心的一派——西軍之戰鬥。同年六月，家康以討伐素與三成互通聲息的會津（福島縣）之上杉景勝名義率大軍向東北進發，以激三成之動武。果不出家康所料，三成中計。三成聞家康舉兵征討景勝，乃糾集毛利輝元、宇喜多

秀家等「西國」大名，於七月舉兵，以討伐家康。家康聞三成發兵，乃立刻率其所部大軍折返。東、西兩軍於九月五日在關原相遇，展開激烈的戰鬥。此一戰鬥，家康未必有戰勝把握，卻因西軍之小早川秀秋等人之臨陣倒戈，致西軍見敗。結果，石田三成、小西行長、安國寺惠瓊等人被處死，原爲天下之主的秀吉之子秀賴被貶爲攝津（兵庫縣）、河內（大阪府）、和泉（大阪府）祿額六十萬石之諸侯，確立了德川氏之霸權。三年後，於江戶建立幕府，實施幕藩體制。

⑼：註⑽所舉書頁八八。

⑼：高峰顯日，《佛國禪師語錄》，卷上。《下野州東山雲巖禪寺語錄》〈冬夜小參〉。

⑼：同註⑼。

⑼：同註⑽所舉書頁八九。

日本五山禪林的《中庸》研究

——以中論、性情論爲中心

一、前　言

日本古代的漢文學係以宮廷及貴族勢力爲背景而發達，其所研究者則以漢、唐之古註爲主。隋唐文化東傳之初，日本人士所接受者大抵爲其外表，唐式文化眞正滲入於日本人之精神，乃是嵯峨天皇在位之弘仁年間（八一〇～八二四）以後之事。嵯峨本身酷愛中國文物，不僅是漢詩文的大家，也是書法名人。因此，他非但將宮殿諸門之名改成唐式，而且宮中的應對進退之禮儀也模仿唐朝。嵯峨以後，淳和、仁明兩朝繼其餘緒而開花結果，在短短十餘年內有《凌雲集》（八一四）、《文華秀麗集》（八一八）、《經國集》（八二七）等勅撰漢詩集相繼問世。

惟至後來，由於人們過慣太平日子，故日常生活愈益驕奢。興邸宅，築別業，極園林泉石之巧。在這種情形下，士大夫亦捨實學，廢吏務，修音樂容儀，弄浮文虛詞而上下互競風流；貴幽雅，兩船三船之遊，月卿雲客之稱，實乃言當時士大夫遊蕩歡樂生活者。因此，漢學之趨於頽廢，自屬必然。

迄至中世，漢學已由公卿轉到僧侶之手。因佛教經典以漢字書寫，故漢學成為僧侶必修之課程而鑽研訓詁之學。鎌倉（一一八五～一三三三）末期以後，因大陸文物為大家所喜愛而禪宗又興起，所以充滿復興漢學之機運。然此並非回歸漢唐訓詁之學，乃欲學宋人程明道、朱晦菴等人所倡性理之說。宋朝禪僧採朱熹新註之精神，多言儒禪一致，而日本之留華禪僧及至日本之華僧亦不斷輸入宋儒哲學，以五山為中心探究宋學旨意，而其成就有頗足觀者。

前此筆者已就日本禪僧們研究《大學》、《論語》、《孟子》之心得作較深入之探討，在此則擬考察他們的《中庸》研究，與其發展情形，尤其以其「中論」、「性情論」作為探討之重點，以求諟正。

二、日本禪林的宋學觀

以宮廷及貴族勢力為背景，漢唐之訓詁為主要研究內容的日本古代儒學，至鎌倉時代已經沒落。其模仿唐朝學制而在京師設立的大學寮已經焚燬，孔子肖像久眠於廟倉，且屢遭盜竊，而學生們的存在也只是名義上的。至於博士之家，他們除參加春秋兩季的祭孔典禮與侍講，處理朝廷文書外，別無所事。①故當其朝廷於寬元二年（一二四四）擬籌措經費重製廟器、禮服時，明經家便首先訴苦說：「當道貧儒，難得構之」。②然當武士興起，禪宗逐漸傳布，宋學被移植以後，便給日本的儒學帶來革新的機運。不過支配日本鎌倉、室町時代（一三三三～一五七三）精神生活之主流或理論的是佛教，儒學則始終居於從屬地位。③

在日本弘揚宋學的，除日本禪僧外，於南宋末、元代東渡彼邦的華僧如：蘭溪道隆、大休正念、無學祖元、一山一寧、明極楚俊、清拙正澄、竺仙梵僊等人之功不可沒。明極〈博多士都小學士求語〉詩云：

志學理應髫齔時，汝今聰敏不爲遲。詩書可向清晨頌，筆硯還須白日題。行己莫離忠與信，立身宜謹禮和規。從儒入釋毋忘此，管取功名會有期。④

此乃他從儒、釋一致的觀點來立論，以爲如能修得儒教，便能臻於佛家之境界而倡儒教者。清拙則云：

天下無二道，西乾東魯之道同也。語其闡教迹雖殊，而皆導人爲善。云云。⑤

此言儒、釋兩教教化之迹雖殊，其根本卻一致。竺仙更云：

列聖興出，爲憫迷流失其本源不知所歸，爲之導引也。其流既眾，始百川競瀉，萬派爭奔。隨其波，逐其浪，流而忘返，滔滔者天下皆是也。孔氏曰：「逝者如斯夫，不舍晝夜」。孔氏者其知歸乎？釋尊曰：「一人發眞歸源，十方虛空，悉皆消殞。不妨截斷眾流，無乃陸地波濤沒溺平人未有了」。曰：「然不犯清波，直下知歸，不用鑿崑崙，擘泰華，端四海，疏九河，但識浪休騰，情漚息起。自性天眞，廓然如本。是故諸聖出興，縱橫逆順，皆欲導其歸於是也」。故曰：「方便有門，歸源無二性」。⑥

亦即竺仙認爲儒、釋兩教在教化方面雖有所不同，卻同樣回歸於天賦之本源。也就是說，這兩教都是以明心性爲其要旨，所以是一致的。

華僧對儒學的看法如此，日僧對此一方面的見解又如何？夢巖祖應云：

夫天機秀發者，如孟軻曰：「我善養吾浩然之氣，塞天地之間」。聖明間出，躬行太平之治化，則和氣薰蒸，著見于事物之間者。景星卿雲，天之瑞也；醴泉三秀，地之瑞也；文行忠信，人之瑞也；奴隸知其所以然也。然則孟子之言益信，然雖吾佛祖亦爾。水邊林下，長養聖胎，霜露果熟，機成感至，則於一毛端，現寶王刹，坐微塵裏，轉大法輪，此亦我心之常分，非假他術。云云。⑦

此言孟子之養浩然之氣與禪之長養聖胎相同，所以儒教與禪教是一致的，也就是說，夢巖把儒教視爲心性教，與禪並無甚麼不同。⑧

季弘大叔則云：

吾觀東魯聖賢之言，與竺乾氏之立言，不相乖戾矣。竺乾聖人之誘人也，有單示而啓者，有諭說而告者。所受之器，各盈而止。《易》之象象，《詩》比興。皆取諸物，以章其理。其要在君子之極理盡性，以達至善之途焉。⑨

亦即季弘以爲儒、釋兩教勸誘世人向善、向上的手法相同，並無二致。橫川景三更云：

人之於道也，非一朝一夕而成者，入小學，入大學，惜寸陰，惜分陰，口不絕吟於六藝之文，手不停披於百家之編，堯、舜、禹、湯、文、武、周、孔之道，涵泳乎內，衣被乎外，以施之行事，然後可謂人成矣。⑩

又云：

君子之處世也，仁義五常以修其身，《四書》、六藝以講其學。鋸而切焉，鑢而磋焉，鑿而琢焉，沙而磨焉。⑪

這段文字雖未提及儒、釋兩教相同之事，但其所言者純粹是儒者之言而沒有絲毫佛徒之意，完全看不出它是出自禪徒之口。所以當可由此看出橫川是傾心於儒學而認爲它與釋教並無甚麼不同。

當時禪林的儒學觀如此，他們對宋儒學說的看法又如何？如據《歸元直指集》的記載，宋學的奠基者周濂溪曾參禪僧黃龍慧南，《居士分燈錄》與《佛法金湯篇》則謂他也曾參佛印了元而對其心地有所發明。其可與濂溪並稱的張橫渠所撰《正蒙》則「主要根據《易》、《中庸》之思想，而對於佛之知性的、超越的世界觀強調行的、內在的世界觀。」⑫他在其〈西銘〉篇首所言：

乾稱父，坤稱母，予茲藐焉，乃混然處中。故天地之塞，吾其體；天地之帥，吾其性，民，吾同胞；物，吾與也。

之思想，乃源自肇法師〈寶藏論〉所謂：「天地，與我同根；萬物，與我一體」而兩者有其相通之處。這種思想，與其說是《易》或老莊之思想，無寧言比較接近佛教的。非僅如此，肇法師的這種思想，就如《碧巖集》第四十則〈南泉一枝花〉所謂：

陸亙大夫與南泉語話次，陸云：「肇法師道：『天地，與我同根；萬物，與我一體』甚奇怪」。南泉指庭前花召大夫云：「時人見此一枝花，如夢相似」。亦爲禪家之問答商量所引用，乃爲知識階層廣泛瞭解的思想。並且從根本之體來看時，萬人在佛性裏是一律平等，自他不二，彼我一如。這是佛教所據之根本原理，而張載「民胞物與」之思想實與此有一脈相通之處。姑且不論張載的這種思想源自何處，但他所說自己的本體即佛性即天地之性命的思想，實無法否認它與體認一切衆生有佛性，或山川草木皆成佛之理的禪思想深切相通。⑬

程明道、程伊川昆仲也「早歲皆嘗學禪，亦皆能究其底蘊」。⑭因此，明道曾說：

一人之心，天地之心，一物之理，即萬物之理。⑮

又說：

這個義理，仁者又看做仁了也，智者又看做智了也。百姓又日用而不知，此所以君子之道鮮焉。此個亦不少，亦不剩，只是人看他不見。⑯

這種說法與大乘佛教極其相似，乃是衆生心——佛心，人人原本應該具有之佛性——眞如，亦即對於天地自然之命脈所作禪的領悟。⑰故他更進一步的說：

天理云者，這一個道理，更有其窮已。不爲堯存，不爲舜亡，人得之者，故大行不加，窮居不損，更怎生說存亡加減？是佗元無少缺，百理具備。⑱

芳賀幸四郎以爲這種說法與《般若心經》所云：「不生不滅，不垢不淨，不增不減」一脈相通，宛如佛家之言。⑲就伊川而言，他說：「看一部《法華經》不如看一艮卦」，則他之曾經研讀佛書，實至爲明顯。又如據《朱子年譜》所引《語錄》的記載，晦菴曾說：「某年十五六時亦嘗留心於禪」，《佛祖通載》亦言其十八歲參加科舉時，篋底只有大慧宗杲禪師的《大慧語錄》一部而別無他書。由此觀之，朱子也曾對禪籍下過苦功。⑳

由於宋學的奠基者周、程諸子與其集大成者朱子等人都曾經學禪，而宋學與禪之教理靈犀相通，其作實修的居敬窮理復與禪之打坐見性有一脈相通之處，故能讓禪僧們易於理解，且能使他們有親近感。周、程、朱諸夫子容或有排佛的言論，㉑但明教契嵩、北磵居簡、癡絕道沖、無準師範等宋代禪僧們卻言儒佛不二，三教一致㉒，採取包容儒學的立場。所以南宋時的禪林研究儒學，尤其研究宋儒學說的風氣頗盛。復由於禪宗是在宋學風靡於學術界、思想界的南宋以後東傳日本，所以中國禪林的這種風尚之隨著禪宗東傳而在日本傳播，乃自然趨勢。有關宋學究竟由誰始傳日本的問題雖有二三不同的說法，在此姑且不談，只說日僧對此新儒學的看法。

曾於元代來華學禪，嗣東陽德輝之法的中巖圓月㉓謂：

朱之爲儒，補罅苴漏，鉤玄闡微，可以繼周紹孔者也。㉔

而給朱子以很高評價。雖然如此，他對宋儒排佛的態度，有時也難免表露其忿懣之情。例如：「夫伊洛之學，張、程之徒，夾註孔、孟之書，而設或問辨難之辭」。「儻不本佛心，而固執而以若此等語爲禪者，伊洛家流，何異之耶，可言禪乎」？㉕即其明證。

中巖對宋儒的態度雖如此，與絕海中津同被譽爲日本五山文學之雙璧的義堂周信，不但沒有中巖那種批判宋儒的言論，而且給宋儒新註極高評價而遠高於漢唐古註。曰：

近世儒書有新、舊二義，程、朱等，新義也。宋朝以來儒學者，皆參吾禪宗，一分發明心地，故註書與章句學迥然別矣。《四書》盡朱晦菴。菴及第以大慧書一卷，爲理性學本。云云。㉖

又曰：

漢以來及唐儒者，皆拘章句者也，宋儒乃理性達，故釋義太高。其故何？則皆以參吾禪也。㉗

仲芳（一作方）圓伊則曰：

時紫昜朱元晦爲天下儒宗，以綱常爲己責，心究造化之原，身體天地之運，雖韓、歐之徒，恐當斂衽而縮退矣。觝排異端，甚斥釋氏，及見圜悟〈梅花詩〉，唱酬不已。稍稍遊其門，雖未能至我奧，而潛知有聖賢之道妙，以足討論焉乎。㉘

仲芳既言朱子能「心究造化之原，身體天地之運」，「雖韓、歐之徒，恐當斂衽而縮退」，則他對晦菴的評價是如何的高，他是如何的尊崇其學術上的成就，當可由此概見矣。

翺之慧鳳則曰：

建安朱夫子出趙宋南遷之後，有泰山巖巖之氣象。截戰國、秦、漢以來上下數千歲諸儒舌頭，躬出新意，聖賢心胸，如披霧而見太清。數百年後，儒門偉人名流，是其所是，非其所非，置之於鄒魯聖賢之地位，仰之如泰山、北斗，異矣哉！三光、五嶽之氣，鍾乎其人。不然，奚以致有此乎！㉙

而將朱子比作三光、五嶽，這可謂給晦菴最高的評價，所以他之尊崇宋儒新說，實無須贅言。

時代稍晚的桂林德昌說：

譬諸儒宗，則文、武傳之周公，周公傳之孔子，孔子傳之孟軻。孟軻之後，不得其傳。迨趙宋中間，濂溪浚其源，伊洛導其流，橫渠助其瀾，龜山揚其波；到朱紫陽，集而大成。㉚

此乃將宋學目爲繼承儒家正統的說法。他認爲儒家在孟軻以後，直到周、程、張、朱諸夫子出，方纔又有繼承儒家正統的學者。咲雲清三則更進一步的說：

以一心究造化之妙，至性情之妙。正《四書》、《五經》之誤，作《集註》，作《易本義》，使儒道正路流傳於天下者，莫若朱文公，非以朱子爲宗，非學也。㉛

而將朱子捧上了天。

由上文可知，日本禪林對宋儒們之批判釋教雖曾有人吐露其不滿之意，但批判歸批判，他們無不傾心於宋學而致力研究它，稱美周濂溪「一千五百有餘年，聖孔文章屬此賢。」㉜也纔讚美程明道「魯有顏子，宋有伯淳」㉝；讚揚程伊川「身外無《周易》，聖學由伊川興」㉞的。

日本中世禪林的宋學觀既如此，他們對此新東傳的中國學術之理解又如何？下文擬以《中庸》爲例進行探討。

三、日本禪林對《中庸》的理解

日本五山禪林之鑽研《中庸》者頗不乏人，其研究成果也頗有足觀者。他們的論述雖多祖述宋儒之意，然身爲外國人而有此成就，其所下功夫自不難想像。茲以他們對「中」、「心性」所表示之見解爲例，以概觀其對《中庸》之瞭解之端倪。

1. 中論

人與人相感而生「情」，以同情而相施予，因而講求人與人之關係，謂之人情。人若感於事物而動，則會表現出喜怒哀樂等，謂之感情。「感情」由心感事而發，未發時「情」純歸「性」，順「理」運行，其狀態彷彿「無情」。惟心情安靜謂之「恬」，和悅謂之「愉」；兩者「情」之至，實非無情，㉟在《中庸》爲中，爲天下之大本。《中庸》〈一章〉云：

喜怒哀樂之未發，謂之中，發而皆中節，謂之和；中也者，天下之大本也，和也者，天下之達道也。致中和，天地位焉，萬物育焉。

日僧義堂周信對「中」所作解釋是：

忠，中也，心也。夫中心者，非世所謂心也，佛祖所傳妙心也。中也者，非世所謂中也，天下大本之中也。大本，故無道不歸焉；妙心，故無法不攝焉。推而廣之，在儒氏也，仁之，義之，禮之，樂之，而皆不出乎是大中矣。在佛氏也，戒焉，定焉，慧焉，是三者，學皆不離乎是妙心矣，統而一之，則惟中惟心。心，猶中也；中，猶心也。曰惟中而已矣。斷斷乎儒于是，佛于是，則忠也，恕也，亦皆在其中矣。㊱

亦即他將「中」把握為《中庸》所謂：「中也者天下之大本也」的意思，並且將其視與佛教之妙心同義，認為心即中，中即心，而仁義禮樂等萬德萬行皆歸於中，故有其獨到見解，可見其對《中庸》所下功夫之深。

仲芳圓伊對中所作解釋是：

> 夫中也者，蓋萬化之本源，而一心之妙用也。方其未發，純粹清明之理，渾然而存焉，無有偏倚乖錯之失，乃中之體也。逮其既發，事物浩穰之變，泛然而應焉，無有亢過不及之患，乃中之用也。大焉而天地陰陽之運，得之則正，失之則差，細焉而草木昆蟲之生，得之則遂，失之則夭，所謂天下之大本者邪。吾教曰中道也，曰中觀也，曰中諦也。……吁旨哉，中之為義也。省思慮，謹視聽，安是而行者，其果優入聖賢者之域邪。㊲

亦即仲芳以「中」為支配宇宙與人生的最高原理，並將其視如宇宙的大生命，從根據佛教體用的範圍來將其析為未發之「中」與既發之「中」，而作系統的論述。這種說法雖然是在祖述宋儒對《中庸》所為之解釋，但他之將「中」比作佛教的中道、中觀、中諦來立論，則似有其過人之處。㊳

人遇事變，「情」由心發，「情」循性行，仍從於「理」，不動於氣，狀如「無我」，處處中節。在《中庸》為和，為天下之達道。㊴亦即中者，不偏不倚，無過不及，如處四方之中，其靜如止為中，其動中節為和，性也，理也。庸者，常也，不易之理也；其順理所發之「情」，即人之常情，合而言之，謂「明德」。

中庸：天理（心）｛未發（潛情）——中（大本）／發而中節（各情）——和（達道）｝不偏不易（明德）㊵

中巖圓月曰：

〈樂記〉曰：「人生而靜，天之性也；感物而動，情之欲也」。《中庸》曰：「天命之謂性」。又曰：「喜怒哀樂之未發，謂之中，發而皆中節，謂之和」。以予言之，所謂中則靜也，喜怒哀樂未發，則性之本也，天命稟之者。性之靜，本乎天也，是性也，靈明沖虛，故曰覺。喜怒哀樂之發，則情也，情者人心之欲也。是情也，蒙鬱闇冒，故曰不覺。㊶

中巖的這種說法，當然也是根據《中庸》而來。

仁如集堯云：

爲中之字，口以出令也，所以記其中也。不偏不倚，無過不及之名也。昔唐虞傳代之時，各曰：「允執厥中」。宋儒論之曰：「中之理有二」。《中庸》謂：「中者，天下之大本也」。又謂：「君子而時中」，是大本之中與時中之中也。喜怒哀樂未發，寂然而不動者，大本之中也；時有萬變，中無定體，於諸事各得其中者，時中之中也。伊川先生云：「中字最難識，須默識心通也。堯、舜、湯、武之征遜不同，而同於中；夷、惠之出處不同，而同於中；顏、孟語默不同，而同於中。譬如秤權之義，隨其宜得中」。時中之難識者也。㊷

仁如此言乃將中析爲大本之中與時中之中，也可說把中分爲不易之中與流行之中，體之用來開展其論述，係完全根據宋儒之言立說而有如儒者之言論。㊸

由上舉諸例可知，日本中世禪林對《中庸》非僅有相當的理解，對「中」字的解釋也有其獨到的看法。

2. 心性論

人類原始，對生命意識力甚微，所遇變化，不知其然，僅仰視於天而已。嗣知識漸開，想像天有主宰爲「天帝」，「帝」有意志，乃有命令，爲天命。「性」从心从生，人以心領悟，人類秉於天，有生生不息之機，且稟有氣質焉。此生生不息之機，自遠古「無極」（混沌）以至將來「太極」（至眞，至善，至美）時代，配於變化（進化）之秩序，謂之「道」。㊹《中庸》〈一章〉云：

天命之謂性，率性之謂道。

亦即《中庸》以天賦人以性，予人類生生不息之機，順此機動之力以演化，謂之道。㊺朱子所謂性質，乃根據〈樂記〉與《中庸》而以性爲體，以情爲用。他又將性析爲本然、氣質，以爲本然之性至善而其情亦至善。由於氣質之善惡相混，故其情亦善惡相混。中巖圓月則認爲性是超越之絕對的東西，故言其所用之情有善惡之別曰：

靜者性之體也，常也，感而動則用也，變也。耳目之官引物而內諸心府，於是性不能不感動也。是以善惡取舍之欲生矣，苦樂逆順之情發矣。惻隱之仁，羞惡之義，則情之善者也；敓斆之暴，

驕佚之邪，則情之惡者也。噍殺怨懟之音，情之苦也；寬胖綽裕之容，情之樂也。皆無不本於性而發於情。㊻

中巖既認爲情有善惡，那麼其差異如何？曰：

中焉方，人之體也；和而圓，智之用也。不仁者之方，執而偏焉；不知者之圓，循而曲焉。執而偏，故倔強以至乎狼戾；循而曲，故流轉以至乎巧僞。惟中者之方，不偏而直矣，惟和者之圓，不曲而正矣。不偏而直矣，可以矩也；不曲而正矣，可以規也。方者，上知之與下愚；圓者，中人也，可以上焉，可以下焉，教使然也。㊼

此乃就《論語》所謂上知、下愚、中人以論其性情之異。因其所論者與前文所述旨意頗爲錯綜，故爲闡明它而圖示如下：

性
- (一)、方——仁——誠——中——大本（絕對之善的天性原有之人，即《論語》所謂之仁者、上知；《中庸》之生知之聖。）
- (二)、不方——不仁（《論語》所謂之下愚。）

惡

情
- (二)、不圓——不知（中人之可以下者。）
- (一)、圓——知——明——和——達道（學而明者，中人之可以上者；《中庸》所謂學知、困知之人。）㊽

由此觀之，中巖所言之性（一）相當於朱子所謂本然之性，（二）相當於氣質之惡性。所謂情之（一）相當於朱子所言氣質之善情，（二）相當於氣質之惡情。所以這種說法有如祖述朱子學說。

中巖不僅認爲情有善惡，也還道破諸儒之言性趨末忘本曰：

孟軻氏以降，言性者差矣，或善焉，或惡焉，或善惡混焉，或上焉中焉下焉而三之，皆以出乎性者言之耳，舍本取末也。性之本靜而已，善也惡也者，性之發乎情而出者也，末也，混焉者兼二末而言之，亦是末也。㊾

中巖復認爲既然情有善惡，而善爲正，惡爲邪，那麼就應該節抑情，使之不走向邪惡，以復靈明沖虛之本性。曰：

凡人之情欲，無窮於物而至暴惡，故聖人欲使節其情欲，而復其天性而已。於是制設戒，以使人能養其欲而不過度者也。故禮者，養也，戒禁也。味，能養乎口，而禁其嗜者也；香，能養乎鼻，而禁其嗅者也；聲，能養乎耳，而禁其淫哇者也；色，能養乎目，而禁其冶容者也；床榻、臥具、衣服，能養乎身，而禁其奢而不儉者也；仁、義、孝、弟、忠、信，能養乎心，而禁其情而不節者也。㊿

此乃根據程子之復性說與朱子之復初說，其方法則折衷荀子之禮養說與佛教之戒而立言。由是觀之，中巖的性情論也只不過是根據朱子之說再予補充而已。(51)

宇宙間之生生不息之機，有自然變化之理，謂之「天理」。「理」之靈處爲「知」，其活動力爲「能」。人「性」原於「天理」，是「性」亦有兩元，一爲良知（認識力），一爲良能（活動力）；前者爲知，後者爲行。(52)所以孟子方纔說：

人之所不學而能者，其良能也，所不慮而知者，其良知也。孩提之童，無不知愛其親者，及其長也，無不知敬其兄也。親親，仁也；敬長，義也，無他，達之天下也。[53]

天以「性」賦人，「性」之內涵有「欲」與「情」。人生遇不足而生欲望，「良知」辨所需之物，「良能」動而取之；既得之，則己之欲達，是成己也。他人同有「欲」，我以同類相感而對其生「情」，是爲同情心；既同情之，則以己之所成施之，是施予，成物也。「欲」爲對己，「情」爲對人。即：

性 ｛ 欲（取）成己——（爲己——私）
　　 情（予）成物——（爲人——公）[54]

如果「欲」的成分高，則自私；「情」的成分高，則爲公。人之「欲」大於「情」，「性」則趨惡，「情」大於「欲」，「性」則爲善。「欲」等於「情」則爲中，「性」無善惡。人之初生，欲望適當，情亦眞摯（誠），迨爲環境所移，乃生距離。[55]職此之故，孔夫子方纔曰：「性相近也，習相遠也」。[56]

「性」之本體，爲適當之「欲」與眞摯之「情」；適當之「欲」加眞「情」等於「天性」；此「天性」即明德，「明德」之擴大（情高於欲，以至情克欲），則達「至善」。《大學》、《中庸》爲率此「天性」，秉其「良知」以明「明德」，發其「良能」以親民，而止於至善。[57]

季弘大叔對天賦之「性」的看法是：

天也者何？道也，理也，性也，誠也，而人之所以爲人，亦無他，以仁，以義，以禮，以智也。故人能正心修身，以復性之始，則天之與我，不約而爲一矣。㊽

亦即季弘認爲天賦之「性」與天合一，他的這種說法，完全在祖述朱子的復性說，但這也表示他已充分瞭解朱子有關此一方面的解釋。非僅如此，他也還認爲復性之重要曰：

「仁也者何？人心也，濂洛諸君子以仁義禮智爲人之性，前人未發之鐍鍵也。紫陽朱夫子之言曰：「仁者愛之理，心之德」，斯言盡矣。我輩均是物也，犯稱萬物之長，其只有一箇之仁乎？且夫人心之妙，虛靈洞徹，備眾理，應萬物，明明歷歷，有少不休。或爲嗜欲所蔽，有時而昧，有良師良友之砭鋤之，而復于固有之性，則譬如日之東升而靡幽而不照，四方之至廣，天地之至大，豈非我心府中之一物乎？㊾

他的這種說法之亦在祖述朱子學說，自不待言。

仲芳圓伊則認爲「性」：

其廣大不可得而涯，其淺深不可得而測，盈而虛，晦而明，振天地，亙萬世，靈然常存者性也，自夫覺覺雄雄之上聖。逮乎飛搖蠢蠕之極漏，均一得之，絲毫不相加損焉，然其治之者，或失之過焉，或失之不及焉，不能窺其全體彷彿也。於是我大聖人建大中一實之道，欲使人人不墮偏邪，自知中正之在己者，品節之飲啖服御之際，省察之旋□唯諾之時，涵養精調，而致之天地鬼神不能盡之域矣。然後所謂廣大淺深，靈然常存者，昭昭乎心目，知皆爲我有也。㊿

亦即仲芳以爲「性」爲上天所賦予，人人所固有，其體中正至純，然治之或失之過，或失之不及，故聖人建大中之道。道者無他，率性進之耳。佐治之極致，在於德與天地齊。由此觀之，其所言亦只不過在解釋《中庸》所謂：「天命之謂性，率性之謂道」而已。

仲芳又以爲心性之體用廣大微妙，若放任它則將一併失去體用，所以必須修治。曰：

粹清純白而無所點染，虛靈沖融而不可程準者，蓋心之體也。都方寸而周毛刹，持一理而應萬變者，蓋心之用也。云云。然而斯心之微，厚養深涵，體察省存，而後足覩其效焉。其或否，則毫忽髮謬，偵舋投隙，黐手之頃，穰穰四起，散漫焉而不知所以制，固滯焉而不知所以化，所謂體也，用也，妙也，微也，消液淪表，不能與物爲主宰。[61]

次言修治之法曰：

萬目具瞻之地，人之所畏也，雖小人猶自加修飾。暗室屋漏之間，人之所忽也，雖君子亦不能無疵，學者宜盡力於隱顯之間而已乎。畏而戒，則雖投紛拏之場，不動聲色，逍遙應之，翕張盈縮，百不失一。玩而忽，則平居暇日，漫然不加省察，潛變密化，習以爲常。蔽吾者崒乎嶽峙，賊吾者浩然瀾起，千態萬狀，不可抑遏。眞乘之轂，爲之齏粉，寶筏之櫂，爲之糜解。回首欲一見夫妙用之眞體，煙霏雲散，天際茫茫，得何自而窺其彷彿哉！吁爲可畏而戒哉！[62]

誠如足利衍述所說，此乃《大學》、《中庸》所謂愼獨之法，仲芳認爲如以愼獨之法修治心性，則天賦之靈鏡皎皎而不爲外物所侵，而可臻於豁然大悟之妙域。[63]他的這種說法，純爲儒者之言，無絲毫禪家口吻。

惟肖得巖對「性」的見解是：

人生而靜，性也，虛明廓大，莫物加之。情竇一鑿，識波四興。爲結習所使，妄業所縛，而惟迷唷是趍。吁！又可畏哉！君子於是乎覺而復之，治而平之。所謂虛明廓大者，未嘗失也。㊿

此係敷衍朱子《大學章句》「明德」之註所謂：

明，明之也。明德者，人之所得乎天，而虛靈不昧，以具衆理而應萬事者也。但爲氣稟所拘，人欲所蔽，則有時而昏，然其本體之明，則有未嘗息者。故學者當因其所發而遂明之，以復其初也。

而發之之言，故惟肖在儒學上的見解，與上舉諸僧一樣，也是以程、朱爲宗而沒有逸出宋儒學說之範疇。

四、日本五山禪林對《中庸》的應用

衆所周知，《中庸》原是小戴《禮記》中的一篇。宋儒程頤謂此篇乃孔門傳授心法，善讀者玩索有得，終身用之有不能盡者。由於本篇是儒家人生哲學的名著，論心性多精語，而宋明理學家又都奉爲先儒的心傳，所以它隨著禪宗之東傳，這種思想亦爲日本禪林所繼承，將其傳衍下去，並將其所說奉爲日常行爲之圭臬，且以之爲教育弟子與教化世俗人士之教材。因此，本節擬就上節所論述「中」、「

心性」爲範圍，來探討他們利用這種教材的情形，其餘則容於日後再爲文考察。

如據史乘的記載，華僧竺仙梵僊精通儒教，而對朱子學尤有研究，故他以朱子學爲本而從各方面來倡儒、佛之一致。他在其《來來蟬子集》〈歸源說〉謂儒、佛兩教的教化之方法雖異，卻同歸天賦之本源，亦即以明心性爲主旨。(65)且言：

若夫性命之說，而《中庸》、《大學》之書，蓋具之矣，唯是無聲無臭，一言可盡也，復何謂哉！(66)

由此當可推知，他曾於禪餘講授《大學》、《中庸》等儒家經典以教化世人。中巖圓月云：

仁者，誠也；知者，明也。誠也者，生乎天之性也；明也者，成乎人之學也。是故學不欲止，性不欲動。樂山者，以其生乎性也，樂水者，以其成乎學也。其性苟動，則喜怒哀樂之情輒發矣；其學苟止，則情欲之發亦不能中節也。是故性靜則中也，學進則和也。故《中庸》曰：「中也者，天下之大本也，和也者，天下之達道也」。以其天性，故曰大本，以其人學，故曰達道也。(67)

此固爲解釋《論語》「智者樂水，仁者樂山」之句，但它之根據前引《中庸章句》〈一章〉所記：「喜怒哀樂之未發，謂之中；發而皆中節，謂之和。中也者，天下之大本也；和也者，天下之達道也」之句，來教導其弟子與世俗人士，自不待言。又云：

《中庸》曰：「道之不行也，我知之矣，知者過之，愚者不及也。道之不明也，我知之矣，賢者過之，不肖者不及也。人莫不飲食也，鮮能知味也」。「道其不行矣夫」！又曰：「君子之道，費而隱。夫婦之愚，可以與知焉；夫婦之不肖，可以能行焉。及其至也，雖聖人亦有所不能焉」。吾佛之道，亦在行之耳。㊳

中巖此言乃原原本本的引用《中庸章句》第四、第五、第十二章之文句，可見他受《中庸》影響之深，及他之以此書之內容來弘揚佛法所費之苦心。

人受於天而生，賦有氣質（知與能）；惟此氣質有異，或過或不及。順應事物，有一定道理，聰明者以知之易而忽之，愚者以不及知而莫由，彼此相去，不得中道。混混而生，有如飲食之常，亦鮮能知其味者；是道之運行，乃不得其順。

對這個問題，中巖除祖述宋儒旨意外，也還有他自己獨到的見解。例如：其在〈中正銘并序〉所云：

道之大端有二：曰天，曰人。天之道誠也，人之道明也。夫惟誠明之合乎體，則中也，正也。正也者遵道而不邪，中也者適道而不偏。適，故能通；遵，故不失。不失者微乎理而正也，能通者精乎事而中也，中正也者道之大本也已。予所居皆以「中正」扁（匾）焉，庶幾乎道也者，不可須臾離也之訓也。

亦即他受到宋儒的啓發，並根據禪體會的慧智，深切瞭解《中庸》之思想，從而說出其獨創性見解。由此，我們當可推知他對儒家此一經典之尊崇，與其利用此一經典來教化世俗之端倪。

人生世上，歷年萬千，人與人之關係，變幻萬端；孔子謂性相近，以習尚不同，人欲歧異，行爲相去日遠。人爲私欲（過分之欲）所蔽，性亦迷失，對人之取與予，遂不得中道。人對人之取或予，既失平衡，行爲亦起衝突，相繼不已，同類之感（仁）不復存在，相謀相害，如仇如敵矣。此時謀者既失「良知」，不守中庸，爲聖人所痛，而受者處於危殆陷阱之境，尙自稱「知」，尤爲可歎。⑲就今日臺灣言之，爲政者高倡該如何改良社會風氣，該如何端正各項選舉，該如何防止官商勾結，口號或計畫雖多，究其所爲，又是一套。當道者茍與經濟事業有關，則誘致商人合作，官商通同，表裏相應，弊端叢生，而尤以民意代表、黑道之介入爲甚。結果，國民經濟遂漸敗陷，人民生活日趨困窘。⑳加之，寇盜橫行，人倫失序；天災人禍，數見不鮮；而社會風氣與治安情況亦未獲得改善。今日世風之所以敗壞，民生之所以疾苦，並非本然，係爲失道。就當時的日本而言，戰亂頻仍，人民塗炭。

對這種情形，中巖又更進一步的說仁義爲萬善之統合，並下其定義云：

> 仁也者，天生之性也，親也，孝乎親也。義也者，人倫之情也，宜也，尊也，忠乎君也。忠孝之移，以仁義相推耳，名異而實一也。㉑

由是觀之，中巖是以仁爲天性，天性所固有之親愛之道；義乃天性，亦即仁義之活用，人爲之正道。愛乃生而知之者，故孝屬於仁，尊君則爲孝之活用，學而知之者，故忠屬義。仁由天性之誠，即由信而爲，義由仁之活用之差別，亦即由禮而行，其知此道理者即爲智。㉒中巖此話乃完全根據《中庸》、《孟子》之所言，也就是說，這話是根據朱子之仁義體用說而發。因此，他認爲仁義之道即天道與天道之活用，亦即合人道之中正不易之道，反此則皆爲邪道。職此之故，駁楊墨之說曰：

> 仁義之離，邪之道也，偏之道也，楊也爲我，墨也無親。無親，何以爲仁？爲我，何以爲義？是故墨之仁非仁也，楊之義非義也。楊、墨之道，不能推而移，是以仁義離之者，臣弒君，子弒父，權輿乎楊、墨。惟聖人者，與能推而移之，是以仁義不離，正之道也，中之道也。(73)

仁義之道爲正，爲善，然當要以此治世導人之際，有時會有如上述逾越中庸而陷於弊，因此中巖論曰：

> 凡天下之事靡不有弊，仁之弊也無威，義之弊也無慈。無威則教導隳之，無慈則化育夷之。教導之隳，何以治之？化育之夷，何以尼之？教而不治，義不之爲也；化而不尼，仁不之施也。教化之張，仁義之行也；教化之弛，仁義之弊也。(74)

仁，就是天道，天道愛主，過於愛則無威嚴。義，就是人道，人道以禮法爲主，禮法過則不慈愛。無威嚴，無慈愛，則何以治天下？因此，如要治天下，使天下之人都能夠享受安和樂利的生活，就要行中庸之道，仁義之道。職此之故，當室町幕府第三任將軍足利義滿問及「喜怒哀樂未發謂之中，其理如何」？之際，義堂周信的答語是：

> 府君（義滿）又問「中庸」二字。余曰：「喜怒哀樂未發，謂之中，發而中節，謂之和。和即庸也。謂未發即佛教一念未生以前也。這個田地，非識情所能及，但能忘情者得到」。云云。(75)

由這段話可知，義堂將中即喜怒未發把握爲禪家所言父母未生以前本來之面目，但他也曾就此一問題提醒義滿說：「是則儒書緊要處，檀越宜深留意，勿容易看過」，⑯而請他不要忽略這個問題。也就是說，他請義滿在施政時，凡事要注意中庸，不可有過與不及之事發生。

義堂又言中正之道曰：

凡物得其中正，則無用不備焉。曰：天道得中正，則其行也健；地道得中正，則其載也厚。日月星辰中正，則其明也盛；四時節序中正，則雨暘若焉，草木蕃焉；人倫之道得中正，則君君焉，臣臣焉，父子父子焉，兄弟兄弟焉。烏虖大哉！中正之道也。⑰

此乃將〈洪範〉之皇極與中庸作推演的解釋，以教化世人。

天理有靈爲「知」，流行於宇宙，「天命」於人爲「性」。「知」賦之於「心」爲「良知」，人稟此「良知」以應萬事萬物，自能左右逢源，無入而不自得。人以「心」爲主宰，心有意念，意念所發，則及於萬事萬物，而以「良知」認識之。

心──知──→物（事）⑱

但人之氣質有高低，心常爲私欲（過分之欲）所蔽，或障礙所阻，其「知」不能直接認識事物，則無由認識其眞相。如要認識其眞相，則必須窮理致知。窮理致知，須篤須勤；學、問、思、辨，否則便難竟其功。《中庸》〈二十章〉曰：

博學之，審問之，愼思之，明辨之，篤行之。有弗學，學之弗能，弗措也；有弗問，問之弗知，弗措也；有弗思，思之弗得，弗措也；有弗辨，辨之弗明，弗措也；有弗行，行之弗篤，弗措也。人一能之，己百之；人十能之，己千之。

對此一問題，龍泉冷淬云：

心，何爲者也？微而著，隱而顯，卷而縮之也。則不盈于握，舒而贏之也，則蔽於天地。愚兮聖兮，思之與不思之間矣。(79)

這種說法，乃祖述《中庸》「莫見乎隱，莫顯乎微」，或《中庸章句》「放之則彌六合，卷之則退藏於密」之語意來說明「心」者。因此，他告訴世人說，凡事只要有心去學，認眞去學，且能持之以恆，則任何困難問題都可迎刃而解。

盡心知性，窮理明道，是非得失，瞭然於心；本於心，發於言，知言則知心，知心則知理矣。若某人之言辭不正，必心有所蔽，身有所溺，道有所離，議有所窮。心有疾病，則生於其心，害於其政，發於其政，害於其事。(80)因此，蘭洲良芳告誡世人曰：

學道之要無他，修身治心而已。身之不修，折旋俯仰，動用周旋，踰規越矩，陷邪僻之域。心之不治，境風捲地，識浪翻空；前念未終後念至，必有蕩而不反之患。故竺乾大士立期立限，對病與藥，以爲中下之機。(81)

此乃告訴世人以修身、治心爲學道之要，如果心蔽，身溺，道離，義窮，則均失於理，理失，則志無中道，亦無所固持。

五、結　語

由前文可知，日本中世禪林對《中庸》曾下很大功夫去研究，故其研究成果也相當可觀。他們所爲之研究雖有其獨到之處，不過就整體看來，大都在祖述宋儒的學說，而這種情形亦爲其近世儒者所奉行。例如將「中」析爲大本之中與時中之中，亦即將其區分爲不易之中與流行之中，即分爲「體」與「用」來展開中論，他們這種一味祖述宋儒學說而毫無佛家氣息的說法，乍看起來，很容易令人誤以爲這是出自儒者之口。例如南化玄與所謂：

中也者，天下大本，而不偏不倚，無過不及之名也。王者世世受讓，自非中庸道，一王不能保天下也。虞帝之命夏后辭曰：「人心惟危，道心惟微，惟精惟一，允執厥中」。⑻

而引用《尚書》之句來比擬中——中道，此固然在引述朱子《中庸章句》卷首所言：「子程子曰：『不偏之謂中，不易之謂庸，中者，天下之正道，庸者，天下之定理』。」⑻惟就如芳賀幸四郎所說，這種說法已爲其近世儒者所繼承，而使日本禪林儒學原有之中論所見宇宙論的，形而上學的特性相當稀薄。與此相對的，近世儒學所具有之合理的，實踐倫理的特性加強，接近於其近世儒學。⑻在這種情形之下，原作爲學佛手段與求方便而學儒的禪僧們，因將其所有精神都灌注於儒學的結果，竟出現許多儒僧，從而崇拜排佛的朱熹等人。所以藤原惺窩之終於走出相國寺，林羅山之所以離開建仁寺，專心致志於儒學，自有其道理在。

上述這種尊崇宋儒新說的風氣，不僅禪林如此，也還影響及於公卿社會，例如：一條兼良在其註釋《日本書紀纂疏》裏所引述儒書之解釋謂：

中者，道之極也。《中論》曰：「因緣所生法，我說即是空，亦爲假名，亦爲中道義」。《尚書》曰：「人心惟危，道心惟微，惟精惟一，允執厥中」。朱熹謂：「中者，不偏不倚，無過不及之名也」。故二教所宗，神道之所本，唯中而已。㉟

一條的這種說法乃完全根據宋儒之言而發，因此，在近世初期，日本的儒學界與其禪林在朱子學方面的主張，其立場似乎已沒有甚麼分別了。

【註釋】

①：王家華，《日中儒學の比較》（東京，六興出版，一九八六年六月），頁一二。
②：和島芳男，《中世の儒學》（東京，吉川弘文館，一九六五年四月），頁四六。
③：同註一。
④：明極楚俊，《明極錄》。
⑤：清拙正澄，《蟬居集》。
⑥：竺仙梵僊，《來來蟬子集》。

⑦：夢巖祖應，《旱霖集》〈天秀說〉。
⑧：足利衍述，《鎌倉室町時代之儒教》（東京，有明書房，昭和四十五年五月），頁二四九。
⑨：季弘大叔，《蔗庵遺稿》〈述伯說〉。
⑩：横川景三，《京華集》，卷六，〈玉成字說〉。
⑪：横川景三，《京華集》，卷六，〈如琢字說〉。
⑫：西晉一郎、糸夏次郎，對岩波文庫本《太極圖說．通書．西銘．正蒙》所作之〈題解〉。
⑬：芳賀幸四郎，《中世禪林の學問および文學に關する研究》（京都，思文閣，昭和五十六年十月），頁四六～四七。
⑭：羅整庵，《困知記》，卷二。
⑮：《河南程氏遺書》，第二，上。
⑯：同前註。
⑰：芳賀幸四郎，前舉書頁四七～四八。
⑱：同註一五。
⑲：芳賀幸四郎，前舉書頁四八。
⑳：參看芳賀幸四郎，前舉書頁四九。
㉑：他們排佛的言論，除上舉程伊川外，張横渠《正蒙》亦有若干排佛的言論，朱子之文章裏也有類似情形。

㉒：有關禪僧們的三教一致論，請參看拙著〈日本五山禪僧的三教一致論〉，收錄於《漢學研究》，第十三卷第一期（臺北，漢學研究中心，民國八十五年六月）；及本《論集》，頁一～三二。

㉓：有關中巖圓月的生平與其學術上的主張，請參看拙著〈日僧中巖圓月有關政治的言論〉，收錄於《淡江史學》，第六期（淡水，淡江大學歷史學系，民國八十五年六月），頁九三～一一〇，及鄭著《中日關係史研究論集》，六（臺北，文史哲出版社，民國八十五年二月），頁六三～九二。

㉔：中巖圓月，《東海一漚集》〈辨朱文公易傳重剛說〉。

㉕：中巖圓月，《中正子》〈問禪篇〉。

㉖：義堂周信，《空華日用工夫略集》（東京，太洋社，昭和十四年四月），永德元年（一三八一）九月二十二日條。

㉗：義堂周信，前舉書，同年同月二十五日條。

㉘：仲芳圓伊，《懶室漫稿》，卷五，〈野橋梅雪圖詩序〉。

㉙：翱之慧鳳，《竹居清事》〈晦菴序〉。

㉚：桂林德昌，《桂林錄》〈除夜早參〉。

㉛：咲雲清三，《古文眞寶抄前集》〈朱文公勸學文〉條。

㉜：琴叔景趣，《松蔭吟稿》〈贊周茂叔〉。

㉝：月舟壽桂，《幻雲北征文集》〈春育字銘〉。

㉞：月舟壽桂，《幻雲稿》〈海圃西堂住建仁江湖疏〉。
㉟：陳式銳，《唯人哲學》（廈門，立人書報社，民國三十八年一月），頁一～二。
㊱：義堂周信，《空華集》，卷一六，〈惟忠說〉。
㊲：仲芳圓伊，《懶室漫稿》〈安中字說〉。
㊳：足利衍述，《鎌倉室町時代之儒教》，頁三八七；芳賀幸四郎，前舉書頁一二〇。
㊴：陳式銳，前舉書頁二〇。
㊵：陳式銳，前舉書頁二一。
㊶：仁如集堯，《縷冰集》，卷下，〈在中齋說〉。
㊷：中巖圓月，《中正子》〈性情篇〉。
㊸：芳賀幸四郎，前舉書頁一二三。
㊹：陳式銳，《唯人哲學》，頁一～二。
㊺：陳式銳，前舉書頁二。
㊻：中巖圓月，《中正子》〈性情篇〉。
㊼：中巖圓月，《中正子》〈方圓篇〉。
㊽：足利衍述，《鎌倉室町時代之儒教》，頁二六〇。
㊾：中巖圓月，《中正子》〈方圓篇〉。

㊿：同前註。

�51：同註四九。

�52：陳式銳，前舉書頁二一。

�53：《孟子》〈盡心章上〉。

�54：陳式銳，前舉書頁三。

�55：同前註所舉書頁三～四。

�56：《論語》〈陽貨〉第十七。

�57：《大學》〈經一章〉云：「大學之道，在明明德，在親民，在止於至善」。陳式銳，《唯人哲學》，頁四。

�58：季弘大叔，《蕉庵遺稿》〈天啓說〉。

�59：季弘大叔，《蕉庵遺稿》〈東明說〉。

�60：仲芳圓伊，《懶室漫稿》，卷六，〈建中字說〉。

�61：仲芳圓伊，《懶室漫稿》，卷六，〈白雲深處詩序〉。

�62：仲芳圓伊，《懶室漫稿》，卷七，〈省心齋記〉。

�63：足利衍述，前舉書頁三八六。

�64：惟肖得巖，《東海瓊華集》〈清碧齋詩序〉。

�65：參看本《論集》頁七七所引竺仙梵僊，《來來蟬子集》〈歸源說〉。

日本五山禪林的《中庸》研究

㊅6：竺仙梵僊，《語錄》〈示蘊規居士〉。
⑥7：中巖圓月，《中正子》〈方圓篇〉。
⑥8：中巖圓月，《東海一漚集》〈道行說〉。
⑥9：陳式銳，《唯人哲學》，頁二四。
⑦0：同前註。
⑦1：中巖圓月，《中正子》〈仁義篇〉。
⑦2：足利衍述，前舉書頁二六二。
⑦3：同註七二。
⑦4：同前註。
⑦5：義堂周信，《空華日用工夫略集》，永德二年（一三八二）二月二十九日條。
⑦6：義堂周信，前註所舉書同年同月十八日條。
⑦7：義堂周信，《空華集》，卷第十七，〈以中說〉。
⑦8：陳式銳，前舉書頁八～九。
⑦9：龍泉冷淬，《松山集》，卷下，〈大山說〉。
⑧0：陳式銳，前舉書頁四二。
⑧1：蘭洲良芳，《建仁寺錄》。

⑧②：南化玄興，《虛白錄》，卷三，〈中齋說〉。

⑧③：南化玄興的中論，除此外，也曾引《尙書》之言與程子之語，將中庸與中道實相相比。他在其《虛白錄》，卷三，〈中巖說〉云：「子程子曰：『中者天下之至道也，庸者天下之定理也』。此公若能根中庸之道，而不偏不倚，無過不及，則天下道之爲道也，理之爲理也，含蓄乎公之方寸中也。然則聖賢豈在外乎？且又到吾釋氏中庸者，中道實相也，若離有無二見，到中道實相，則佛祖豈在外乎」！

⑧④：芳賀幸四郎，前舉書頁一二三。

⑧⑤：一條兼良，《日本書紀纂疏》，卷上。

五山禪林の老莊研究

一、はじめに

周知の如く、五山禪僧の外典によせた關心は儒學關係の典籍にとどまらず、史籍や諸子百家までおよび、その研究成果にそれぞれ特筆すべきものがあることは、景徐周麟の《翰林胡蘆集》十七卷、以心崇傳らの《翰林五鳳集》六十四卷、上村觀光の《五山文學全集》五冊、玉村竹二の《五山文學新集》七冊、およびその他の五山禪僧の詩文集をひもとけばおのずと立證し得る。老莊關係の漢籍についていっても、彼らに深入りした研究がなされているのみならず、それを禪の思想と結んで、當時の日本文化に大きな影響を與えている。本文では、上記の禪僧らの文集・日記、その他から老莊關係の記事を檢索し、それらを總合して、五山禪僧の老莊への關心と、その思想の影響を受けた形跡を辿ってみたい。

二、老莊への關心の昂揚

《老子》、《莊子》がいつ頃、誰の手によって日本へもたらされたかについては、もはや知るすべもないが、しかし聖德太子の《惟摩經義疏》には、《老子》の《撿欲章》第十二、〈立戒章〉第四十四、ならびに〈儉欲章〉第四十六の文が引かれ、〈十七條憲法〉には《莊子》の語句が引かれているのをみると、遲くとも六世紀末にはすでに東傳されていたことが知られる。

大化改新政府は、儒教思想を以て政治の指導原理となし、日本古代律令國家の礎を築きあげ、唐の學制に倣い、《易經》・《詩經》・《書經》・《禮記》・《春秋》の五經の外に、《論語》・《孝經》を必修科目としているにもかかわらず、《老子》は除外されていた。①唐の典章制度の模倣をこととしていながら、唐の慣習を破って、《老子》だけを大學の教科目から除外したのは、おそらく老・莊の隱逸消極的で獨善的な思想が、進取の氣象に富んでいた當時の日本政府にとっては、政治改革の阻害になるとして敬遠したのであろう。

清虛幽玄な老莊思想は、中國の魏・晉・南北朝時代(二二一〜五八九)に大いに發達したが、この思想は、六朝文化や唐文化と結び、唐・日交通の發展にともない、日本の知識階層の精神生活にも影響を與えたことは、勅撰詩集《懷風藻》に、老莊神仙思想のただよっている、次に擧げる諸詩によって推測し得る。

遊龍門山　　　　　　　　　　　　　　　葛野王

命駕遊山水、長忘冠冕情。安得王喬道、控鶴入蓬瀛。

これ、當世においての望みを絶ち、仙人に従って遊ぼうという胸懷を述べたものであり、老莊的隱遁思想が濃厚である。また

幽棲　　　　　　　　　　　　　　　　隱士民黑人

試出囂塵處、追尋仙桂叢。巖谿無俗事、出路有樵童。

泉石行行異、風煙處處同。欲知山人樂、松下有清風。

この詩、沖澹清曠にして、陶靖節に似たところがあり、泉石風煙の妙味があるのみならず、松下の結句も宋人黃山谷の「擁被聽松風」の趣があって、《懷風藻》諸詩中の秀作とみなし得る。②そしてまた

春日應詔　　　　　　　　　　　　　　巨勢多益須

姑射遁太賓、崆巖索神仙。岩若聽覽隙、仁智寓山川。下略

にも老・莊の世俗を逸脱した神仙的思想がよみとられる。そして《懷風藻》以下の勅撰詩集にも老莊神仙趣味のただよっていることは周知の通りであり、空海の《三教指歸》も消極的ながら當時における老莊思想の流行を反面から證明している。③すなわち空海はその著書に龜毛先生なる人物を登場させて儒教の要旨を紹介し、ついで虛亡隱士という人物を出して儒教を批判し、さらに道教・

老荘の説を展開させ、最後に假名乞兒なるものを登場させて道教を批判し、佛教こそ最高の教えであることを、戯曲的な體裁で論じている。空海の論述の當否はさておき、彼が老荘を批判しているところに、彼がかつて道家の著述に對して相當深入りした研究をしていたことがわかる。

藤原佐世（？～八九七）は宇田天皇の勅命を奉じて、當時日本に現存していた漢籍名を分類して《日本國見在書目錄》一卷を編んだが、該《目錄》に載せられてある道家の漢籍として下記の如きものがある。

孝子二 同杜下史李耳撰 漢文時河上公注　　老子一 王弼注
老子二 周文帝注　　老子二 玄宗御注
老子論贊二　　老子德論略一
老子讚義六 周弘正撰　　老子指歸十三 後漢嚴尊撰
老子十條略一 燕居士撰　　老子發題私記一 同撰
老子述義十 賈大隱撰　　老子義疏八 梁武帝撰
老子義記六 周弘正撰　　老子義疏八 王弼
老子義疏四 周文帝　　老子疏四 張君相撰
新撰老子義記十一 元名先生撰　　老子私記
老子元生十二　　紀圖經一

老子化胡經十	孝子音一 李軌撰
太上老君玄元皇帝聖化經十 君文操撰	
莊子廿巻 梁漆園吏莊周撰 後漢司馬彪注	莊子卅三 郭象注
莊子義記十 張譏撰	莊子義疏廿 王穆夜撰
莊子義疏九 同撰	莊子義疏五 賈彥咸撰
篇莊子十二 張機撰	莊子疏五 續行仙集解
莊子講疏八 同僕射撰	莊子私義記十
莊子後撰廿	莊子序略一
莊子序略集解冊	莊子集解要難十八
莊子字訓一	莊子疏十 四華寺法師成英撰
莊子音義十巻 道士方守一撰	莊子音義二
莊子音義三 徐邈撰	莊子音訓事義十 冷然院
南華仙人莊子義類十二	

そしてまた《抱朴子》をはじめ、神仙關係の書籍が傳存し、この事實によって老莊思想は、日本の古代においてすでにインテリ階層に滲透していたことが知られる。

平安末期に至り、末法思想が流布してそれを裏付るかのように武家が勃興し、天災・戰亂があいついで發生すると、古代國家の體制の動搖が顯著になり、この世をのがれようとする風潮がたかまって來た。とくに保元の亂、平治の亂とあいつづく骨肉相食む悲慘な世相は、人々をして「厭離穢土」の感懷を深らしめる。そしてそのもっとも代表的なものが鴨長明（一一五五〜一二一六）の《方丈記》と、卜部兼好（一二八三〜一三五〇）の《徒然草》にあらわれる無常感であろう。とくに兼好は《徒然草》に《老子》・《莊子》の文章を隨所に引用し、その人生觀を「世はさだめなきこそ、いみじけれ」（七段）、「折節の移りかはるこそ、ものごとに哀れなれ」（十九段）、「人はただ無常の身に迫りぬる事を心にひしとかけて、束の間も忘れまじきなり」（四十九段）といいあらわしている。④

中國の禪宗は早くから老莊思想と習合し、儒家の主張をもとり入れて、もっとも中國的に發展した宗派であるが、宋代に入ってその傾向が一段と強まった。

禪宗は南宋時代（一一二七〜一二七九）に、明庵榮西（一一四一〜一二一五）によって日本へ東傳したが、中國禪林のこういう風潮はその東傳とともに、五山十刹の官寺制度と同樣に日本に移植された。したがって日本の禪僧社會でも老莊への關心の度がその外典研究の發展とともに高まっていった。このことは後文でみるように、禪僧たちの語錄や詩文集に、老莊の文章がしきりに引用されている。そして後には老莊思想とならんで、神仙思想、あるいは竹林七賢や陶淵明らの生きかたにあこがれる思いが、禪林間に流布するようになるのである。そしてまた南北朝時代の動亂、とりわけ南朝の沒落にともない、南朝につかえた公卿・廷臣・武士たちのなかには、反體制的な感懷を抱いて閑居隱逸の生活に身を投じた人もいたはずであり、花山院長新（一三六六?～一四二九）の如く、臨濟宗に依って剃髮して法名を子晉明魏（ししんみょうぎ）といい、寺院に寄寓し、餘生を送った生活様式は、まさに老莊の隱逸思想を實踐したものと稱してよいであろう。⑤
ではこの老莊思想は禪宗に對し實質的にどう影響を與えたのであろうか、以下これについての考察を試みたい。

三、老莊思想の禪宗に與えた影響

「教外別傳、不立文字」とは禪宗がそれによって自らの獨自性を主張するスローガンであり、自らの高貴性を標榜する大旆である。⑥禪宗が主張する「不立文字」は、空・有二宗が唱導する「廢詮談旨」や「勝義離言」を十分に發揚している。しかしこの種の顯揚がインドあるいはその他の國に發生せずに中國に發生した所以は、その遠い原因をただせば、秦以前の道家が中國人のために築いた思想の根柢によるが、その過渡期的な主要人物は《三論集》の嘉祥吉藏および天台宗の智者大師であろう。⑦その後、僧肇は先秦道家と魏晉玄學の影響を受け、インド原始佛教の「意超言」の趣旨を大いに發揚した。唐・宋時代に隆盛をきわめた禪宗は、更に僧肇の影響を受け、祖師達磨（四六〇～五三四）の「不立文字」の趣旨を遺憾なく發揮している。のみならず禪宗の典籍には老莊と《肇論》を引用しているところがきわめて多く、したがって禪宗は道家化した佛教といえる。⑧

宋代の楊億（九七四?～一〇二〇?）は達磨を評して曰く、

不立文存、直指心源、不踐階梯、徑登佛地。……蓋大雄付囑之旨、正眼流通之道、教外別行、不可思議者也。⑨

同じく宋代の佛果圜悟禪師（一〇五五～一一三五）は、

達磨遙覩此土有大乘根器、遂泛海得得而來。單傳心印、開示迷途、不立文字、直指人心、見性成佛。若恁麼見得便有自由分、不隨一切語言轉。⑩

といい、禪學の特色は文字・言語を退き、その障害からのがれるのにある。⑪また、六祖慧能（六三二～七一二）の印可を受けた永嘉玄覺は、

至理無言、假文言以明其旨。……達教之人、豈滯言而惑理。理明則言語道斷、何言之能議?旨會則心行處滅、何覩之能思?心・言不能思。議者、可謂妙契寰中矣。⑫

といっている。即ち彼らはいずれも文字・經典を重要視せず、禪定三昧の行によって「一超直入如來地」に至り、轉迷開悟の實をあげ、「直指人心、見性成佛」することを旨としている。玄覺がいうところの「妙與寰中」とは、《莊子》〈齊物論〉の「樞始得其環中、以應無窮」の句を引用したものであり、「環中」は、郭象の注釋によれば。「環中、空矣、今以是非爲環而得其中者、無是無非也」。また、王煜の研究によれば、道家は「環中」を以て是非を超越した「空」に喩えているが、

しかしこの「空」は文字の表面上の中空の意味であって、佛家の空理の「空」（Sūnyatā）ではない。即ち「因縁所生之法、究竟而無實體」、あるいは《萬善同歸集》五にいうところの「無實性」の意味ではない、という⑬。したがって道・佛兩家はいずれも「心言不能思議者、……妙夾寰（環）中」まれているということができるが、しかし道家には釋氏の空理はなく、せいぜい僅かに空理の雛形を有しているのみで、即ち〈齊物論〉の實體性に對する否定であるから、「寰中」とは釋氏が《莊子》より借用したものである。⑭

臨濟宗の始祖臨濟義玄（七八七〜八六七）も上述の趣旨を承けて：

佛是名句、……三世十方佛祖出來、也祇爲求法、如今參學道流、也祇爲求法。得法始了、未得、依前輪廻五道。云何是法？法者是心法。心法無形、通貫十方。目前現用、人信不及、便乃認名認句、向文字中求。意度佛法、天地懸殊。道流、山僧説……心地法、便能入凡、入聖、入穢、入眞、入俗、……便更用不著名字、號之爲玄旨。……道流、莫向文字中求。⑮

といっている。これによってみれば、義玄も「不立文字」を唱道していることがわかり、一〇世紀半ばに示寂した雲門文偃も文字の渉獵を極力反對している。⑯したがって禪の立場からみれば、五千四十餘卷の黃卷赤軸は、義玄のすでに喝破したように「不淨を拭う故紙」にすぎない。⑰即ち禪僧たちが求めようとするものは、言語、文字を超越した風格であり、頓悟である。

唐初の僧侶皎然は《詩式》の序文において、「使無天機者坐致天機」、「天眞挺拔之句、與造化爭衡、可以意會、難以言狀、非作者不能知也」。「苦思則喪自然之質」。「貞元初、余與二三子居東溪草堂。每相謂曰：『世事喧々、非禪者之意、……豈若孤松片雲、禪坐相對、無言而道合、至靜而性同哉？吾將深入杼峰、與松雲爲侶』」といっているが、いわゆる「自然」とは老子が創ったことばであり、「天機」、「天眞」、「造化」とは、いずれも莊子の獨創による。

また、佛果圜悟禪師は、

道本無言、因言顯道。若得此道、斷不在言句上、後番纔有言句。……語言作用、纔生解會、即被羈勒、更無自由分。……佛祖大因緣、非名字語言知見解路作聰明起思惟所了、要忘懷忘緣。……以言道合、以理會理、……言上生言、……有甚了期？……以言破言、以迹划迹、不墮死水、違得便行。⑱

といい、彼の見解によれば、「死語」に拘泥するのは靜止して流れぬ水に等しい。そして彼がいう「忘懷忘緣」の趣旨は莊子がいうところの「心齋」、「坐忘」による。⑲

中國禪僧が老莊思想の影響を受けたことは、上揭の諸記事によってその梗概を知り得るが、この傾向は日本へ渡った禪僧たちの言論にもあらわれている。例えば大休正念の《語錄》所收の〈元宵上堂文〉に、

天無爲以之清、地無爲以之寧、萬物無爲以之化。且道、「衲僧無爲時如之何」？良久曰、「數聲清磬是非外、一個人間天地間」。

とあり、一山一寧（一二四七〜一三一七）の《語録》には〈老子〉と題して、

先天地而有生、極玄妙而眞傳。不遇得關伊喜、誰可授五千言？

とある。前者は老子《道德經》下篇三十九章の「昔之得一者、天得一以清、地得一以寧、神得一以靈、谷得一以盈、萬物得一以生、王得一以爲天下眞、其致之」を禪的にいいかえたものであり、後者は同じく《道德經》二十五章の「有物混成、先天地生。寂兮寥兮、獨立不改、周行而不殆。可以爲天下母、吾不知其名、字之曰道、強爲之名曰大」にもとづき、相對未分以前の絕對、禪のいわゆる父母未生以前本來の面目を、老子の言をかりて說明したものである。⑳

上述の如く、中國禪僧が老莊思想の影響を受けたこの事實は、禪宗の東傳にともなって日本にも傳わり、日本禪林においても《老子》・《莊子》に關心をよせ、それを研鑽するものが少なくなかった。このことは聖一國師の藏書として編集された《普門院經論章疏語錄儒書等目錄》に、《直解道德經》二冊、《老子經》一部二冊、《莊子》一部、《莊子疏》十卷の名がみえてあることによって推測し得る。

では日本禪林における老莊についての研究は果してどういう狀態にあったのであろうか、以下それについての考察を試みる。

四、日本禪林の老子研究

日本禪林における老子研究が禪宗の東傳とともに行なわれていたことは、上記の大休正念、一山一寧の《語錄》の記事や圓爾辨圓の《普門院經論章疏語錄儒書等目錄》によって明らかであるが、法を高峰顯日に嗣ぎ、學を一山一寧に受け、春屋妙葩以下の俊秀を養成して日本臨濟宗の黃金期を築いた夢窗疎石（一二七五〜一三五一）もまた老莊に通曉していた。このことは春屋が編纂した《夢窗國師年譜》に、彼が佛典の外、孔・孟・老・莊の教えに至るまでつとめて研修し、その奥旨をきわめた、と記していたことによって裏付けられる。

これを更に立證するものとしては《夢中問答》卷中に、

タゞ禪宗ノ手段ノミナラズ、教門ノ施設乃至孔・孟・老・莊ノ教、外道世俗ノ論マデモ知ラズンバアルベカラズ。

といい、その弟子たちに諸學修得の必要を說き、それが老莊にまでおよんでいる。その理由については同書卷下に、

明眼ノ宗師ハ、胸ノ中ニカネテヨリ蓄ヘタル法門ナシ。只是機ニ當テ提持シロニ信セテ道(マカ)着ス、スベテ定レル窠窟ナシ。若シ人禪ヲ問フ時、或ハ孔・孟・老・莊ノ言ヲ以テ答フル事モアリ、或ハ教家所談ノ法門ヲ以テ答フル時モアリ、或ハ世俗ノ諺ヲ以テ答フル事モアリ、或ハ目前ノ境界ヲ示ス時モアリ、或ハ棒ヲ行シ、喝ヲ下シ、指ヲ擧ケ、拳ヲサヽク、皆是宗師ノ手段ナリ、コレヲ禪門ノ活弄トナヅク。

即ち、禪門の活弄のために、禪僧たちは佛典以外の老荘をも含めた諸學を學ばなければならないという。そして夢窗自身、《老子》・《莊子》に通曉していたことは《夢中問答》巻下〈一心と神我〉の章で、

晨旦ニ流布セル老・莊ノ見解モコレ（神我ノ見）ヲ出ズ。老子ノ虚無、莊子ノ無爲ノ大道トイヘルハ、カノ道ノ冥諦ニアタレリ。

といっていることによって立證しうる。彼がいう冥諦とは「天地いまだわかれざる前は、吉凶禍福にあづからず、見聞覺知も及ぶことなし、名字をつけがたしといへども、強いて冥諦と號す。是は常住にして生位異滅にうつされ」ないものの謂であり、㉑これによって彼が老莊を深く研究し、その思想をよく消化していたことがわかる。したがって彼の《年譜》に「最稔老莊」と記しているのは、決していわれのないものではない。

學内外をきわめ、識古今に絶すとたたえられた虎關師錬（一二七八〜一三四六）も、佛教經典はもちろん、外典は儒家の經典以外に史・子・集部にその閲讀の範圍を擴め、「旁入老・列・莊・騷」っており、㉒彼の老子の教えについての見解は、圭堂が佛教・道教についての淺薄皮相な理解の上に、三教一致を唱えたことを痛烈に批判した下記のことばによって推測し得る。曰く

（圭）堂不究道書、與我宗取相並配、是大惑也。予恨道書不來本朝、故不見全藏。若見道藏、一一點竄以除邪配。……夫道家書《道德經》外皆僞作也。何者？《道德經》中無法語、實老子

之玄言也。㉓

即ち、虎關は、道藏のうち、法語のない《道德經》を除くほかは、すべて後世の僞作であると論斷し、《老子化胡經》については、

老子入流沙事見諸書、然還周事一無見焉。不還于周、爭著書乎？若言傳于西域、譯者何人？故予言、「道經者、僞作也。唯浮矯道流託流沙事、誣老子擬佛經爲僞作也。我以《化胡經》知之矣」。㉔

といってこれも僞作だとみなしている。しかし、彼は道藏の諸經典は疑っても、《道德經》だけはこれを「實老子之玄言也」と高く評價していることは注目すべきであろう。㉕《道德經》だけを「老子之玄言」とみなしているのは虎關だけではなく、時代のややおくれた桃源瑞仙も彼と同じような見解をのべている。

《道德經》ト云モ德道ノ二篇マテソ。宋朝ノ時分、道家ノ經カ多テ、釋氏ノ大藏ノ樣ニ六千三百餘卷アルト云カ、其ホトハナウテ、二千卷アルト云カ、其モ道士トモ、カク作リ出テ、僞テ云タ事ソ。老子ノ書ト云ハウスハ、《道德》五千言ノ外アルマイソ。㉖

虎關・桃源二僧のこの見解は、中國の學者たちのそれと同樣であるが、しかし彼らがあえてこう斷言し得るのは、結局は幅廣く老子關係の典籍を涉獵し、かつまたそれに對して深入りした研究をしたことを立證するものである。

《道德經》四十二章に

道生一、一生二、二生三、三生萬物。萬物負陰而抱陽、沖氣以爲和。

とある。老子がここで説く「道」はあたかも「絶對觀念」かの如くにみえるが、その實、彼がいうところの「道」は「一」であり、渾淪一體となっている「氣」であることは、《淮南子》〈天文訓〉に、

道者、規始於一、一而不生、故分爲陰陽、陰陽和而萬物生、故曰、「一生二、二生三、三生萬物」。

とあり、蔣錫昌の《老子校詁》にもまた

道始所生者一、一即道也。自其名而言之、謂之道、自其數而言之、謂之一。然有一即有二、有二即有三、有三即有萬、至是巧歷不能得其窮焉。

とあるのによってわかる。㉗この意を承けた中巖圓月は、

天一與地二參而三之、由是三才立焉。故道書言曰、「一生二、二生三、三生萬物」。所言之一、亦由道而生也。果然、則道也者、天地之根源耳。㉘

といい、老子がいう一、二、三が單に三を以て「道」が萬物を生めば生むほど多くなる意をよく捉えている。即ち、一體の「氣」がなければ「二」(陰陽)が生まれるはずはなく、二(陰陽)がなければ「三」と「萬物」は生じない。したがって絶海中津(一三三六～一四〇五)もこの意を承けて

有物先天地、無形本寂寥。能爲萬象主、不逐四時凋。仁者見之謂之仁、智者見之謂之智。㉙

といっている。

老子がいう「道者萬物之奧」㉚は、「道」の抽象的概念を明確に説明したものであるが、彼はどういうふうにしてこの「道」をいいあらわしたかというと、《道德經》二十五章に、

有物混成、先天地生、寂兮寥兮、獨立不改。周行而不殆、可以爲天下母。吾不知其名、字之曰「道」、強爲之名曰「大」。……人法地、地法天、天法「道」、「道」法自然。

とある。これによってみれば、老子がいう「道」とは天より先に生まれたものであり、宇宙ができる前にすでに存在しているものである。したがって「道」というものは永久に存在し、外來のすべての素因によってその本質が變わったり、消えたりすることはない。それが故に「寂兮寥兮、獨立不改」。ところが「道」は固定した不變のものではなく、常に運動し、變化するからまた「周行而不殆」といっている。このような絶え間なき運動と變化によって「天地萬物」が生まれ、したがって老子がいう「先天地生」や「可以爲天下母」という意味はここにある。

老子は宇宙を觀察して「天下母」たる「混成」の「物」を發見したが、しかし彼はこの「物」が何であるかを知らず、それで「字之曰『道』、強爲之名曰『大』」。そしてまた「無、名天地之始、有、名萬物之母」といっている。㉛。即ち「有」とは「萬物之母」の「名」であり、「道」とは「天下母」の「字」である。したがって「萬物生於『有』、『有』生於『無』㉜」。だから道家がい

う「道」と「有」とは、名稱は異っても同一物を指していることがわかる。㉝これについて桃源瑞仙は、

此ノ萬物ノ始ノ無名ニ至ルカ大事ソ。サル時ハ老子ノ悟ハ此マテチヤソ。宗門此後ニ的意ト云、大用ト云フ、眞空ト云、度人ト云事トモカアルソ。サルホトニ老子ハ虚無自然マテカ、至極テハツル。㉞

といい、《老子》の眼目を「無名」にあるとし、これを禪の悟りに比定して説き、かつ老子の教えが精々禪の見性の段階にとどまり、禪のそれ以後の向上の段階に相當するものがないと論じ、修行としての禪の優越を結論している。㉟桃源のこの結論の當否は別として、彼が《道德經》に精通しており、該經に對して彼なりの解釋をしていたことは否めない。

以上は日本禪林の《老子》研究について若干の例を擧げて論述し、その一端を示したが、しかし、彼らは研究に際してどういう注釋書を利用したのであろうか。芳賀幸四郎氏はそれについて萬里集九の《梅花無盡藏》第三下の〈三教吸酢之圖〉の前文の一節

又、《道經》者、李老君寔迦葉之分身、而五千字之丹經、玄又玄。衆妙之門、子細探其理者、河上之仙翁、及穎濱遺老蘇子由二人而已。

を引いて、萬里は老子《道德經》の玄旨に徹したものは、河上公と宋の蘇轍二人だけであるとし、この蘇轍が儒家の立場から釋老を包容して儒・釋・老三教一致を說き、その立場から老子《道德經

解》二卷を著し、《老子》研究史上に新機軸を出して後日の林希逸への道をならした存在であるという。㊱そしてまた、萬里が河上公とならべて蘇轍を推重していることは、この頃日本禪林に蘇轍の《道德經解》が、三教一致主張の故に、とくによろこび迎えられていた端的表現である、としている。㊲芳賀は、更に同じく萬里の〈喜伯號說〉の「道與德二而巳、五常未分以前謂之道、既分以後謂之德」を引いて、「王弼註は《道經》と《德經》を分題しないのが建前であり、したがって『世僉謂道之德也』というのは、當時王弼註が一般に行われていたことを反映し、それに對し『道與德二而巳』と兩篇の區別をとく萬里の立場は、河上公註に近いもの」として、日本中世の禪林における《老子》研究は、王弼註と河上公註の《老子》が最も普及し、一歩儒學的立場に近づいた蘇轍の解釋も行なわれていた㊳として、この推定は肯綮にあたっていると思われる。

五、日本禪林の莊子研究

老子と莊子はいずれも「道」を崇めているが故に、後世の人たちは彼らを道家と呼んでいる。この兩者はいずれも「道」は實際的に存在するものとし、この「道」こそ天地萬物の根源であるという。とはいえ、老子の「道」と莊子の「道」はその（理論的）內包において大きな違いがあり、概していえば、老子の說く「道」は本體論と宇宙論が比較的濃厚で、莊子はそれを轉じて心靈の境界に至らしめている。そしてまた、老子がとくに「反」の法則および「道」の無爲、不淨、柔弱、處後、謙下等の性格を強調するのに對し、莊子はこれらの概念のすべてをなげうって精進的境界の超越を求めている。㊴老・莊といえども、彼らの主張にはのこような大きな隔たりがあるにもかかわらず、日本中世の禪林において《莊子》を研鑽するもの乏しからないが、彼らの《莊子》に對する了解は如何様なものであったろうか。

《夢窗正覺心宗普濟國師語錄》附錄〈西山夜話〉に、

明眼宗師東語西話以接學者、所示雖異、皆是呼小玉之手段也。若有吾家種草、言外領悟、則宗師言句何害之有乎？然事久成弊、守株刻舟者多矣。因茲宗匠間出而救其弊、謂之通途變格、亦爲破家散宅。……古云、「不可以語言到、不可以寂寞通」、祖師門下不立文字、其豈喜默惡語哉？祇要令人知此事不在語默處。

とある。これは《莊子》〈則陽篇〉の文末にみえる「夫道物之極、言默不足以載、非言非默、議有所極」を敷衍したものである。郭象の注釋によれば、「夫道物之極、常莫爲而爾、不在言與不言」ず、即ち「道」は無窮にして止むことなく、「物」は「有始有終」である。ところが「道」と「物」はいずれも人の有言、無言に賴らない。「道」は言語、沈默を超越したものであり、語（有言）默（無言）に執着することは、有無に執着することを意味するから、修道者はすべからくこれを除かなければならないという。㊵即ち夢窗疎石は《莊子》をかりて禪僧の修道のありかたを説いている。

虎關師鍊は、道藏のうち《道德經》を除くほかは、すべて後世の僞作であると論斷しているが、

《莊子》についても相當の非難を與えている。曰く、

始、予讀《莊子》、愛其玄高奇廣、以爲諸子之所不及也。後得《列子》、向之玄高奇廣、皆《列子》之文也。只(莊)周加潤色、故令我愛其文耳矣。夫文者立言者難矣、好言者易矣。蓋《列子》先而《莊子》後、故《列子》之文簡易者立言者而已。周秉擷而脩餙焉、故周文奇艱婉廣。或曰、「莊周識高才博、豈必采于禦寇乎、只是所載事偶偶同乎」?予曰、「不然。《莊子》已立〈列禦寇〉一篇、不爲不見《列子》、多收其事、周不廉矣。中世以來、文章凌遅、沿襲剽竊、出己者鮮矣、《莊子》者、中古剽竊之文乎」。

虎關の見解では《莊子》の文章の「玄高奇廣」であるのは、《列子》の文を剽竊して潤色したにすぎない、というのである。《莊子》の文章が《列子》を剽竊して潤色を加えたにすぎないという彼の意見には檢討すべき餘地があるが、しかし、こういう所見を述べ得るところに、彼の《莊子》に對する研究の深さを推測し得る。

虎關は「或曰、莊生立道爲自然、爾乎」と質問されたのに對して、「曰、不。道非自然、自然、德也、莊生不知道、故以德爲道而言也」㊶と答えているが、しかし《莊子》〈大宗師〉篇に

夫道、有情有性、無爲無形、可傳而不可受、可得而不可見。自本自根、未有天地、自古以固存。神鬼神帝、生天生地。在太極之先而不爲高、在六極之下而不爲深、先天地而不爲久、長于上古而不爲老。

といっている。莊子はつまり⑴道は實在するものであり、したがって「夫道、有情有信、無爲無形」し。⑵道の存在は彼自身の中にあって先在性や永久に存在する特質を有するから、「未有天地、自古以自存」する。そして道は天地萬物を生むが故に「神鬼神帝、先天生地」む、したがって道は品位や季節などにおいていずれも天地・鬼神に先立つ宇宙一切の根源である。のみならず、道は時間、空間を超越し、「在太極之先而不爲高、在六極之下而不爲深、先天地而不爲久、長於上古而不爲老」ず、即ち道は時間と空間とにおいては無限の實體である、としている。㊷それが故に上記の虎關の返答の内容には検討すべき餘地が十分に殘されている。したがって彼は中國學に精通していたとはいえ、《莊子》の奥旨を十分に理解していたとは思われない。

虎關についであげる中嚴圓月は、芳賀幸四郎は彼を日本禪林における最も《莊子》に通じたものだとみなしている。㊸中巖はその著《東海一漚集》巻之三、「論」の〈鯤鵬論〉において《莊子》〈逍遙遊〉について、

何當吾化成無名人而乘是鳥、拍莊子肩於壙埌之野、從遊於八極之表、不亦快哉。

といってその寓意に賛同し、莊子その人に對しては、

吁、莊生、觀化盡精、籌數極玄、逍遙乎六合之表、冥驅萬物入己筆舌、萬物固無攸逃焉。其餘波遠及於幽冥、無象、無質、無形、無名之物、猶能冥搜之、旁驅之而皆爲己資。文章鼓之、舞之、以見其妙也、自非能言而足者、焉能與於此哉。

と讃美の辭を與えているから、彼の《莊子》に對する見解は、虎關とは大きな違いがある。

絕海中津とともに五山文學の雙璧とうたわれた義堂周信(一三二五〜一三八八)も《莊子》を研鑽していたことは、その日記《空華日用工夫略集》によって知られ、江西龍派も《莊子》を尊重し、それを愛讀したことがその詩篇によって推測し得る。㊹また、翺之惠鳳・琴叔景趣・村菴靈彥その他の禪僧も《莊子》をひもといて、それぞれ己の見解を述べている。このことは、彼らの文集《幻雲詩稿》、《梅花無盡藏》、《梅屋和尚文集》《竹居清事》等によって明らかである。㊺

《莊子》〈齊物論〉の文末に、

昔者莊周夢爲胡蝶、栩栩然胡蝶也。自喻適志與?不知周也。俄然覺、則蘧蘧然周也。不知周之夢爲胡蝶、與胡蝶之夢爲周與?周與胡蝶、則必有分矣、此之謂化。

とある。これは莊子が胡蝶を夢みた美しくて玄妙な物語をかりて、夢と目覺めの區別のつかないことから「物化」に至るまでのことを述べ、これによって「物」「我」の境界の解消と融和をたとえたものであるが、この比喻は中・日兩國の禪僧たちの注意をひき、興味をそそいだらしく、一山一寧は〈瑞巖主人公〉と題して、「盡謂莊周夢胡蝶、誰知胡蝶夢莊周」㊻といい、惟忠通恕も〈讀莊子〉と題して

逍遙獨泳聖之涯、方外遊談也足誇。三復未然成一睡、夢隨胡蝶到南華。㊼

という七絕一首を詠じている。そしてまた大休宗休は、

蓋《南華眞經》、莊座主荒唐之説也。蘧然化蝶、栩然入南華、然而不近梅、雖誇大椿八千之春秋、不原朝菌一日之榮焉、予所不取也。㊽

と論じている。

人間の生命の出現と消失は、あたかも春・夏・秋・冬の變化の如く、大化の中の一過程にすぎず、生命のこの變化の眞相を了解すれば、もはやとくに死生の憂いや喜びに執着することはない。夢みるときと目覺めているときとをはっきりと區別することはむずかしく、これを了解しておれば、死生の哀樂から逸脱できる。したがって莊子がいうように、人間は夢をみていても夢であることを知らず、ときには夢の中でまた夢をみ、醒めたあとはじめて夢をみていたことがわかる。ただ頭が非常に冴えているものだけが、人間の一生があたかも一つの大きな夢のようなものであることがわかる。㊾このことについて陳鼓應は、

〈齊物論〉開始便開出「吾喪我」的境界、以示破除我見我執、而以眞實的自我（「吾」「眞宰」「眞君」）、神遊於「無封」、「無境」的遼闊之境域中。及至〈齊物論〉的最後、以蝶化象徵主體與客體的會通交感、達到相互泯合的境界。這境界實爲最高藝術精神之投射。㊿

といっている。つまり莊子のこの「死生如一」の考えかた、即ち「人生若夢」の思想が禪僧たちの死生觀と契合し、その共鳴をよび、一種の哲學思想として迎えられ、その研究にいそしんだのであろう。

中世禪林における《莊子》研究は、以上でほぼ推察し得るが、彼らが閲讀に際して利用した《莊子》のテキストは、鎌倉時代は郭象の注釋本であった。だが室町時代に入ると、郭象注以外に司馬彪注のテキストも利用され、その末期には林希逸の《莊子鬳齋口義》も次第に流行したようである。[51]この時期に林希逸注の《莊子》がはやっていたことについて芳賀幸四郎は、月舟壽桂《幻雲文集》所收の〈遊雲說〉の

天遊何也、南華眞人所著〈逍遙遊〉篇是也。竹溪林鬳齋註之曰、「《論語》之門人形容夫子、只樂一字、三百篇之形容人物、如南有樛木、如南山有臺、曰樂只君子、止一樂字」。「所謂〈逍遙遊〉、即詩也、語也、所謂樂也」。又云、「藐姑射之山有神人、乘雲氣、御飛龍、而遊乎四海之外」、良有以哉。

一節を擧げ、「ここに竹溪林鬳齋とはいうまでもなく林希逸のことであり、月舟が《莊子》を解釋するに希逸《口義》を以てしていることは、この一節を原文と比較してみれば一點の疑いをはさむ餘地もない」[52]といってその確證としている。つまり室町時代における日本禪林は、儒學的立場にあって《莊子》を研究していたのである。

六、むすび

以上によってわかるように、本來不立文字を標榜する禪僧たちは、儒學關係の圖書その他の研究

に沒頭したばかりではなく、老莊の典籍にもおよんだ。彼らは、はじめは《老子》は河上公と王弼の注釋本を、《莊子》は郭象の注釋本をそのテキストとしていたが、時代が下るにつれて前者は蘇轍のそれを、後者は林希逸のものを利用するようになった。蘇轍における《老子》の解釋の特色は儒學的立場にあったこと、林希逸は《老子》を《莊子》から分離し、これも儒學の立場に近づけて解釋している。このような風潮にあった室町末期の老莊研究は、江戸時代に入ると、河上公・王弼・郭象等の古註をはなれて新註に傾き、日本近世の老莊研究に新氣運をもたらし、それは中世禪林によってもりあげられたのである。

【註釋】

①：拙文〈唐代學制對日本古代教育的影響〉(《淡江史學》、第三期、一九九一年六月、臺灣、淡江大學歷史學系)參照。

②：岡田正之、《近江奈良朝の漢文學》(奈良、美德社、昭和二十一年十月)、一三二頁。

③：芳賀幸四郎、《中世禪林の學問および文學に關する研究》(京都、思文閣、昭和五十六年十月、芳賀幸四郎歷史論集Ⅲ)、一九〇頁。

④：芳賀幸四郎、《中世禪林とその基盤》(京都、思文閣、昭和五十六年十月、芳賀幸四郎歷史論集Ⅳ)、三九二頁。

⑤：同註④、三八三～三八四頁。
⑥：同註③、二〇頁。
⑦：王煜、〈老莊的言意觀對僧肇與禪宗的影響〉《老莊思想論集》、（臺北、聯經出版事業公司、民國七十年三月）、四七三頁。
⑧：同註⑦、四八一～四八二頁。
⑨：釋道原編著、《景德傳燈錄》（臺北、眞善美出版社、一九五七年、善慧大藏經刊行會版）、一三頁。
⑩佛果圜悟禪師、《碧巖錄》（臺北、中華佛教文化館、一九六二年、《禪學大成》、第一冊）〈評唱雪竇和尚頌古語要〉。
⑪：王煜、前揭論文、四八二頁。
⑫：《禪宗永嘉錄》（《禪學大成》、第一冊）、二八頁。
⑬：王煜、前揭論文、四八二頁。
⑭：《鎭州臨濟慧照禪師語錄》（《禪學大成》、第三冊）、六、七、一八頁。
⑮：註⑭に同じ。
⑯：《禪學大成》、第三冊所收、《石門洪覺範林間錄》に雲門文偃（？～九四九。一説は八八一～九六六）、の言として、「汝口不用、反記我語、佗（他）時定販賣我去。今對機室錄録、皆香林明教以紙爲依、隨所聞隨即書之。後世學者、漁獵文字語言中、正如吹網欲滿、非愚即狂、可嘆也」。いわゆる「非愚即狂」と

は、《莊子》〈秋水〉篇の「非愚即誣」を引用したものである。雲門のこの語は、仰山慧寂（八一四～八九〇）がいうところの「莫記吾言」と同じく、しかも「說法如雲、絕不喜人記錄其語、見必罵逐」うが故に、雲門和尚が後世に殘したことばはきわめて少ない。したがって彼は極端に文字の涉獵に反對した僧侶である。王煜、前揭論文四八四頁。

⑰：臨濟義玄、《臨濟錄》〈語錄〉に曰く、「三乘十二分教、皆是拭不淨故紙」。

⑱《禪學大成》、第四冊所收《佛果圜禪師心要》。

⑲：西田啓治編、《講座禪》、第一卷、《禪の立場》所取、新田大作、〈禪と中國思想〉。

⑳：芳賀幸四郎、《中世禪林の學問および文學に關する研究》、一九一～一九二頁。

㉑：芳賀幸四郎、前揭書一九二頁。

㉒：中巖圓月、《東海一漚集》、卷三、〈與虎關和尚〉。

㉓：虎關師鍊、《濟北集》〈通衡〉之三。

㉔：同前。

㉕：芳賀幸四郎、《中世禪林の學問および文學に關する研究》、一九三頁參照。

㉖：桃源瑞仙、《史記抄》〈老子伯夷列傳第一〉。

㉗：以上、張松如・陳鼓應・張軍、《老莊論集》（濟南、齊魯書舍、一九八七年四月）、一六八～一六九頁による。

㉘：中巖圓月、《東海一漚集》、卷三、〈道元說〉。
㉙：絕海中津、《絕海和尚語錄》、卷上、〈柏庭祖首座忌日陞座、垂語〉。
㉚：《道德經》、第六十三章。
㉛：《道德經》、第一章。
㉜：《道德經》、第十四章。
㉝：巖靈峰、《老莊研究》（臺北、臺灣中華書局、民國六十八年四月）、二～四頁。
㉞：桃源瑞仙、《史記抄》〈日者列傳第六十二〉。
㉟：芳賀幸四郎、《中世禪林の學問および文學に關する研究》、一九五頁。
㊱：同前、一九七頁。
㊲：同前。
㊳：同前。
㊴：陳鼓應、〈莊子論道──兼評莊老道論之異同〉《老莊論集》所收。
㊵：王熀、前揭書四九三頁。
㊶：虎關師鍊、《濟北集》〈通衡〉之五。
㊷：註㊴に同じ。
㊸：芳賀幸四郎、《中世禪林の學問および文學に關する研究》、二〇〇頁。

㊹：以心崇傳、《翰林五鳳集》、巻第五十八、江西龍派の〈焚香讀《南華經》〉に、「寶爐香燼午窗閑、三十餘篇一日間。郭象猶留雲霧否、朦朧煙暗鷓胡斑」とある。
㊺：芳賀幸四郎、《中世禪林の學問および文學に關する研究》、二〇二～二〇三頁參照。
㊻：《一山國師語錄》、巻下、〈頌古〉。
㊼：惟忠通恕、《雲鶴猿吟》所收〈律詩七言絕句〉。
㊽：大休宗休、《見桃錄》、巻二、〈南華號〉。
㊾：陳鼓應、《老莊新論》（臺北、五南書局、民國八十二年三月）、一六九頁。
㊿：同前、一六六頁參照。
51：同註㊺、二〇三頁參照。
52：同前、二〇四頁。

佚存日本的《四書》與其相關論著

一、前　言

《四書》爲儒家人生哲學之大全，它教人窮理、正心、修身、治事之道。《大學》標出「明德」——光明的德性，亦即調節「欲」與「情」。「親民」，使衆庶袪除舊染之汙，抖擻精神，而以「至善」爲最高目標。《中庸》提出「性」——「良知」與「良能」，爲人生哲學之寶典。率「性」之道，可臻於「明德」之域。①人之氣質，或不能齊，須教之使其「明德」。「明德」可分爲「修己」與「治事」兩方面，故教者，格物、致知、誠意、正心、修身，屬於修己；齊家、治國、平天下，則屬於治事。既懂得修齊治平之道，又能躬自實踐，則必爲世人所崇敬。②

率明德之至爲「誠」，「誠」爲生元，生之原動力。惟「誠」能進於道，故「誠」乃進道之門。職是之故，「誠」則形，形則著，則明，則動，則變，則化，而與天地參。③「明德」，表現於人與人之間的關係爲「仁」，忠也，恕也，如動、靜脈。人感應事物而有感情，如：喜、怒、哀、樂等。情未發而安閒者爲中，發而適當中節者爲和。致中和，乃天地位而萬物育焉。④

《中庸》論「知道」與「行難」，及「道」與「誠」的關係，更言聖人之「道」，亦即在論入世的方法，教人如何纔是人類生活正當的行爲，人人能夠做到，且應該做到的。⑤《大學》則其三綱領與八條目使政治哲學與人生哲學打成一片而議論精闢，⑥亦爲我們日常生活之準繩。所以《中庸》爲體，《大學》示用，而《論語》、《孟子》闡明之。

《論語》論立身處世的根本，強調個人應有之修養，待人處世的方法；言禮樂與詩，主張教育應因材施教。在政治方面則主張爲政應濟斯民而要與道德相聯貫。故中國幾千年來，不論立身處世，無不以此爲標準。⑦至於《孟子》，它除研討心性外，對於修養的方法與處世的態度，也有所闡述。就修養方面言之，其所言者較《論語》發揮得更爲透徹，更爲明白，能隨時點化而妙趣橫生，⑧對處世的態度問題則謂宜求其義理之所當，而爲我們做人之模範。因此，自從《四書》東傳日本以後，除《孟子》因言「易世革命」而不太適合於其政治環境，未爲其當政者所重視外，其他三書，尤其《論語》頗適於彼邦之風土人情，爲其朝野所樂於接受，且將其所言者奉行不渝。《論語》不僅受重視，更被列爲「大學」、「國學」的必修課程之一。

自從《四書》先後東傳日本後，除閱讀、研究，並實踐孔、孟之所言外，也將他們的研究撰寫成書，以弘揚孔、孟之教。與之同時，也還不斷的從中國進口相關論著，而其種類與數量之多，實令人歎爲觀止。所以本文擬就管見所及之各種書目，及其典藏處所來考察其東傳情形之一端，兼言其東傳後的發展情形。

二、元代以前東傳者

衆所周知，《四書》中的《論語》、《孟子》之成書，爲時甚早，《大學》、《中庸》原都是小戴《禮記》中的篇什，但《漢書》〈藝文志·六藝略〉有《中庸說》，《隋書》〈經籍志·經籍部〉則記有梁武帝《中庸講義》，由此觀之，此一篇什之另出單行，當在《大學》之前。

如據《古事記》、《日本書紀》等史乘的記載，《論語》一書早在三世紀八〇年代，由僑居百濟的漢室後裔王仁攜往日域，成爲儒家經籍由官方東傳之嚆矢。《大學》、《中庸》、《孟子》三書究竟於何時由何人東傳？因未見載籍，故已不可考。又如據日本平安時代（七九四～一一八五）初期公卿，文章博士藤原佐世（？～八九八）奉勅整理，編輯當時存在於日本的漢籍，而於其宇多天皇寬平三年（唐昭宗大順二年，八九一）頃完成的《日本國見在書目錄》⑨，八，〈論語家〉類二六九卷中有鄭玄《論語注》一〇卷，陸善經《論語注》六卷，皇侃《論語義疏》一〇卷，褚中都《論語疏》一〇卷，無名氏《論語義》、《論語音》各一卷，「儒家」類一三四卷中有趙岐注《孟子》一四，陸善經注《孟子》七等兩部觀之，《論語》在王仁以後也不斷東傳，《孟子》一書則至遲在九世紀末，亦即在唐昭宗之治世已傳至日域。又，現存《論語》古鈔本爲何晏《論語集解》，皇侃之《論語義疏》之訓讀本，乃鎌倉時代（一一八五～一三三三）以前的鈔本，重點在讀解古註。上述這些圖書，大都由當時來華學儒的留學生，或求佛法之僧侶最澄、空海、常曉、圓曉、圓仁、惠遠、圓珍等所帶回⑩

而殆無疑慮。

隋、唐時代的日本當局除派使節來華外，也派許多留學生與留學僧西來學習中國文化或佛法，更模仿中國的典章制度實施「律令政治」，其在教育方面則在中央設「大學」，地方置「國學」，課程內容與教材內容和唐制並無兩樣。在此情形之下，研讀儒家經籍更成爲日域人士步入宦途的敲門磚。因此，在貴族之間莫不以中國圖書爲尚，商賈們如對達官貴人有所要求而饋送禮物時，往往以漢籍相贈。例如在宋代，華商曾令文曾以《文選》致贈藤原道長（九六六～一〇二七），劉文沖以《東坡先生指掌圖》二帖，《五代史》一〇帖，《唐書》九帖贈送左大臣藤原賴長（一一二〇～一一五六），賴長則除以砂金三十兩作謝禮外，同時也錄列其所需《易》、《詩》、《書》、《禮》、《春秋》、《論語》、《孝經》等百餘部圖書之目錄，請文沖代購，⑪就宋代中日兩國商船往來頻繁的情形推之，這批圖書當被送至賴長手中，該書目中既有《禮記》，則《大學》、《中庸》等篇什，也當然隨之東傳，至於文沖之是否也將《孟子》帶到日本。則不可得而知之。

根據藤原賴長的日記《臺記》，右大臣中山忠親（一一三〇～一一九四）之《山槐記》，右大臣三條西公條（一四八七～一五六三）之《宇槐記抄》，及編輯少納言藤原道憲（信西，一一〇六～一一五九）之藏書而成之《通憲入道藏書目錄》等的記載，他們所閱讀的漢籍有《周禮正義》、《禮記正義》、《毛詩正義》、《經典釋文》、巾箱本《九經》、《尚書正義》、《前漢書》、《文選》、《白氏文集》等宋槧本，及孫奭《孟子音義》，聶崇義《新定三禮圖》，無名氏《九經要略》，丁度

《禮部韻略》、《字說》、《唐書》、《五代史記》、《會要》，蘇轍《史記列傳》，稅安禮《東坡指掌圖》、《宋曆》，沈括《筆談》，釋明教契嵩《補教編》，李昉等《太平御覽》，李昉等《太平廣記》，唐愼微《大觀證類本草》，姚鉉《唐文粹》，曾慥《皇宋百家詩》，王安石《臨川先生詩》，以及理學家們之著作如：周敦頤《太極圖說》、《通書》，及《程伊川遺書》，張載《正蒙》，楊時《中庸解》，呂大臨《大學解》，呂本中《童蒙訓》，謝良佐《上蔡語錄》，石𡼖《中庸集解》，張九成《中庸說》，朱熹《近思錄》、《論語集註》，呂祖謙《讀詩記》，張載《南軒集》等凡四十六種，其中與《四書》有關者七種。

至於在南宋理宗端平五年（四條天皇嘉禎元年，一二三五）來華師事徑山無準師範（一一七八～一二四九）的臨濟宗僧侶辨圓圓爾（一二〇二～一二八〇），於獲無準之印可東返日本之際（一二四一），曾帶回經論章疏一七〇餘部三七〇餘卷冊。僧傳、禪籍、儒書、詩文集、醫書、字書等二三〇餘部，凡九六〇餘卷冊。這批圖書後來經釋大道一以整理，編輯了《普門院經論章疏語錄儒書等目錄》。如據該《目錄》的記載，其有關《四書》者有《孟子》二冊，《論語精義》三冊，《孟子精義》三冊，無垢先生《中庸說》二冊，晦菴集註《孟子》三冊，《論語直解》一冊，晦菴《大學》一冊，晦菴《中庸或問》七冊，晦菴《大學或問》三冊，《孟子》二冊，《注論語並孝經》一卷，《魯論》二冊，《大學》一冊（書本）等。

由上述情形觀之，朱熹（一一三〇～一二〇〇）集註的《四書》，在他生存期間，或在他去世以後不久即已被東傳日域而此事值得我們注意。

在元代（一二八〇～一三六七），雖因世祖忽必烈之兩次東征，致中、日兩國關係險惡，終元之世，彼此之間沒有官方往來，但日本方面卻曾爲籌措營建鎌倉建長寺，與京都天龍寺之經費，曾先後兩次遣船來華貿易，民間商船的往來則除東征前後的數年間因受戰事影響中斷一時外，其餘時間則一如往昔接踵於海上而未曾稍衰。至於僧侶往來之頻繁與人數之多，實屬空前。由於當時西來的日本僧侶也曾帶回許多內典，所以在此一時期也應如往日一樣，有不少包含《四書》在內的儒書東傳日域。惟因筆者閱目之文獻資料有限，目前尚無法查考當時究竟有那些儒書，抑或由那些人將《四書》關係之論著東傳日本。

三、明清以後東傳者

上文所錄列者乃宋代以前完成之《四書》關係的論著，且在十三世紀四〇年代以前就被東傳者，在此所要考察的，則是明清兩朝人士所完成相關著作之被輸出日本的，這可析爲東傳年代明確與不明者兩部分，茲分別敘述如下：

1. 東傳年代明確者

在有明一代，中日兩國雖有官方往來，日方在當時也曾再三向明廷要求賜與內外典，其國書與書單俱被收錄於釋瑞溪周鳳所輯《善鄰國寶記》之中，惟那些書單中並無《四書》類。至於當時來華使節所留下之紀錄如：咲雲清三《入唐記》，策彥周良《初渡集》、《再渡集》的情形亦復如此。

當時的中日兩國往來，除持有明廷發給之勘合的代表官方之船隻外，尚有許多民間船舶接跡於海上。惟那些民間船舶無非干犯海禁者，所以即使它們曾將漢籍運往日本販售，也因史料闕如而無從查考。迄至清代，雖亦有過海禁之事實，惟每當那些中國船航抵長崎時，都留有詳細記載其所運貨物之明細表而圖書類亦然。日本關西大學東西學術研究所大庭脩教授，曾根據那些清單，及各圖書館或博物館所典藏《齎來書目》、《書籍元帳》或《見帳》等作分析與研究，完成《江戶時代における唐船持渡書の研究》，於昭和四十二年（一九六七）三月，由該研究所發行，茲據此一鉅著，將清代東傳日本之與《四書》有關圖書表列如次：

書名	部數	典藏處所	東傳時間			備註
			中國年號	日本年號	西元	
四書合參	一	國會圖書館	康熙三二年	元祿六年	一六九三	
四書通考	一	國會圖書館	康熙三二年	元祿六年	一六九三	
四書五經字考	一	國會圖書館	康熙三二年	元祿六年	一六九三	
四書經學考	一	國會圖書館	康熙三三年	元祿七年	一六九四	
四書衍註	一	國會圖書館	康熙三三年	元祿七年	一六九四	
四書正解得參	一	國會圖書館	康熙三三年	元祿七年	一六九四	
四書題槩	一	國會圖書館	康熙三三年	元祿七年	一六九四	

四書廣炬訂	一	國會圖書館	康熙三三年	元祿七年	一六九四
四書翼箋	一	國會圖書館	康熙三三年	元祿七年	一六九四
四書插註	一	國會圖書館	康熙三三年	元祿七年	一六九四
四書筏	一	國會圖書館	康熙三三年	元祿七年	一六九四
四書翼運	一	國會圖書館	康熙三三年	元祿七年	一六九四
四書鏡	一	國會圖書館	康熙三三年	元祿七年	一六九四
四書大意	一	國會圖書館	康熙三三年	元祿七年	一六九四
四書說剩	一	宮內廳書陵部	康熙三三年	元祿七年	一六九四
四書翼箋	一	宮內廳書陵部	康熙三三年	元祿七年	一六九四
四書通解	一	宮內廳書陵部	康熙三三年	元祿七年	一六九四
四書插註	一	宮內廳書陵部	康熙三三年	元祿七年	一六九四
四書筏	一	宮內廳書陵部	康熙三三年	元祿七年	一六九四
四書理解	一	國會圖書館	康熙三四年	元祿八年	一六九五
四書觸	一	國會圖書館	康熙三四年	元祿八年	一六九五
四書揆一宗旨	一	國會圖書館	康熙三四年	元祿八年	一六九五
四書體註	一	國會圖書館	康熙三四年	元祿八年	一六九五
四書舌存	一	國會圖書館	康熙三四年	元祿八年	一六九五
四書集成	一	國會圖書館	康熙三四年	元祿八年	一六九五
四書解縛編	一	國會圖書館	康熙三四年	元祿八年	一六九五

四書新說評	一	國會圖書館	康熙三四年	元祿八年	一六九五
四書大成	一	國會圖書館	康熙三四年	元祿八年	一六九五
四書條說	一	國會圖書館	康熙三四年	元祿八年	一六九五
四書講意折衷	一	國會圖書館	康熙三四年	元祿八年	一六九五
四書講義	一	國會圖書館	康熙三四年	元祿八年	一六九五
四書彙通	一	國會圖書館	康熙三四年	元祿八年	一六九五
四書揆一宗旨人物備考	一	國會圖書館	康熙三六年	元祿一〇年	一六九六
四書說約要解	一	國會圖書館	康熙三六年	元祿一〇年	一六九六
四書登瀛洲渡	一	國會圖書館	康熙三七年	元祿一一年	一六九七
四書大全約	一	國會圖書館	康熙三七年	元祿一一年	一六九七
四書論源	一	國會圖書館	康熙三七年	元祿一一年	一六九七
四書要達講義	一	國會圖書館	康熙三八年	元祿一二年	一六九八
四書說要集解合評	一	國會圖書館	康熙三八年	元祿一二年	一六九八
四書易知解	一	國會圖書館	康熙三八年	元祿一二年	一六九八
四書正義	一	國會圖書館	康熙四〇年	元祿一四年	一六九八
四書考編脩部	一	國會圖書館	康熙四〇年	元祿一四年	一六九八
四書辨訛	一	國會圖書館	康熙四〇年	元祿一四年	一六九八
四書述朱講義	一	國會圖書館	康熙四〇年	元祿一四年	一六九八
四書正新錄	一	國會圖書館	康熙四二年	元祿一六年	一七〇三

四書鼎峙直解增訂說約	一	國會圖書館	康熙四二年	元祿一六年	一七〇三	
四書精義或問大全集說合參	一	國會圖書館	康熙四四年	寶永二年	一七〇五	
四書對相	一	國會圖書館	康熙四四年	寶永二年	一七〇五	
四書名儒大全精義	一	國會圖書館	康熙四五年	寶永三年	一七〇六	
四書集註補	一	國會圖書館	康熙四五年	寶永三年	一七〇六	
四書彙解	一	國會圖書館	康熙四五年	寶永三年	一七〇六	
四書艾義	一	國會圖書館	康熙四五年	寶永三年	一七〇六	
四書尊註會意解	一	國會圖書館	康熙四八年	寶永六年	一七〇九	
四書備考大全	一	國會圖書館	康熙四九年	寶永七年	一七一〇	
四書大全	一	國會圖書館	康熙五〇年	正德元年	一七一一	
四書正體	一	國會圖書館	康熙五〇年	正德元年	一七一一	
四書圖史合考	一	國會圖書館	康熙五〇年	正德元年	一七一一	
四書人物備考	一	國會圖書館	康熙五一年	正德二年	一七一二	
四書考	一	國會圖書館	康熙五一年	正德二年	一七一二	
四書翼傳三義	一	國會圖書館	康熙五一年	正德二年	一七一二	
四書備考	一	天理圖書館	康熙五三年	正德四年	一七一四	南京船所運
四書日解講義	一	天理圖書館	康熙五三年	正德四年	一七一四	南京船所運
四書人物考	五	宮內廳書陵部	康熙五七年	享保三年	一七一八	
四書備考	二	宮內廳書陵部	康熙五七年	享保三年	一七一八	

四書講義備旨	一	國會圖書館	康熙五八年	享保四年	一七一九
十三經註疏	一	國會圖書館	康熙五八年	享保四年	一七一九
四書諸子異同條辨	一	國會圖書館	康熙六一年	享保七年	一七二二
四書彙徵大全	一	國會圖書館	雍正元年	享保八年	一七二三
四書釋義	一	國會圖書館	雍正元年	享保八年	一七二三
四書釋注	一	國會圖書館	雍正元年	享保八年	一七二三
四書人物類考	一	國會圖書館	雍正元年	享保八年	一七二三
四書大成心印	一	國會圖書館	雍正元年	享保八年	一七二三
四書淺說	一	國會圖書館	雍正元年	享保八年	一七二三
四書說統	一	國會圖書館	雍正元年	享保八年	一七二三
四書說書佐案	一	國會圖書館	雍正元年	享保八年	一七二三
四書因問	一	國會圖書館	雍正元年	享保八年	一七二三
四書翼註講意	一	國會圖書館	雍正元年	享保八年	一七二三
四書說統刪補	一	國會圖書館	雍正元年	享保八年	一七二三
四書微言	一	國會圖書館	雍正元年	享保八年	一七二三
四書最勝藏	一	國會圖書館	雍正元年	享保八年	一七二三
四書醍醐編	一	國會圖書館	雍正元年	享保八年	一七二三
四書質古	一	國會圖書館	雍正元年	享保八年	一七二三
四書稽古冊	一	國會圖書館	雍正二年	享保九年	一七二四

四書集註闡微直解	一	國會圖書館	雍正二年	享保九年	一七二四
四書集編	一	國會圖書館	雍正三年	享保一〇年	一七二五
四書集註闡微直解	三	內閣文庫	雍正三年	享保一〇年	一七二五
十三經註疏	三	內閣文庫	雍正三年	享保一〇年	一七二五
禮記集註	一	內閣文庫	雍正三年	享保一〇年	一七二五
四書省度	一	內閣文庫	雍正三年	享保一〇年	一七二五
四書旁訓	一	內閣文庫	雍正三年	享保一〇年	一七二五
四書說約纂序集註	一	內閣文庫	雍正三年	享保一〇年	一七二五
四書大全	二	內閣文庫	雍正三年	享保一〇年	一七二五
四書摘訓	一	內閣文庫	雍正三年	享保一〇年	一七二五
四書蒙引	一	內閣文庫	雍正三年	享保一〇年	一七二五
舉業精義四書蒙引	一	內閣文庫	雍正三年	享保一〇年	一七二五
四書評	一	內閣文庫	雍正三年	享保一〇年	一七二五
四書說統	一	內閣文庫	雍正三年	享保一〇年	一七二五
四書考	一	內閣文庫	雍正三年	享保一〇年	一七二五
四書經學考	一	內閣文庫	雍正三年	享保一〇年	一七二五
四書圖考	一	內閣文庫	雍正三年	享保一〇年	一七二五
四書直解	一	內閣文庫	雍正三年	享保一〇年	一七二五
四書經筵直解	一	內閣文庫	雍正三年	享保一〇年	一七二五

四書集註直解	一	內閣文庫	雍正三年	享保一〇年	一七二五
四書正彙合解	一	內閣文庫	雍正三年	享保一〇年	一七二五
崇道堂四書大全	一	內閣文庫	雍正三年	享保一〇年	一七二五
增訂四書大全	一	內閣文庫	雍正三年	享保一〇年	一七二五
四書朱子大全	一	內閣文庫	雍正三年	享保一〇年	一七二五
增補四書備目	一	內閣文庫	雍正三年	享保一〇年	一七二五
安溪四書	一	內閣文庫	雍正三年	享保一〇年	一七二五
困勉錄	一	內閣文庫	雍正三年	享保一〇年	一七二五
性理四書註釋	一	內閣文庫	雍正三年	享保一〇年	一七二五
四書名物考	一	內閣文庫	雍正三年	享保一〇年	一七二五
大學衍義全書	一	內閣文庫	雍正三年	享保一〇年	一七二五
御纂朱子全書	一	內閣文庫	雍正三年	享保一〇年	一七二五
汲古閣藏版十三經註疏	一	天理圖書館	雍正三年	享保一〇年	一七二五
欽定古今圖書集成	一	天理圖書館	雍正三年	享保一〇年	一七二五
四書正文	一	國會圖書館	雍正五年	享保一二年	一七二七
四書誅毛	一	國會圖書館	雍正九年	享保一六年	一七三一
四書闡註	一	國會圖書館	雍正九年	享保一六年	一七三一
四書補註附考備旨	一	國會圖書館	雍正九年	享保一六年	一七三一
四書題鏡	一	國會圖書館	雍正九年	享保一六年	一七三一

四書本義會參	一	國會圖書館	雍正 九年	享保一六年	一七三一	
四書襯	一	國會圖書館	雍正 九年	享保一六年	一七三一	
四書釋註大全	一	國會圖書館	乾隆 四年	元文 四年	一七三九	
四書自課錄	一	國會圖書館	乾隆 五年	元文 五年	一七四〇	
四書困勉錄	一	國會圖書館	乾隆一九年	寶曆 四年	一七五四	
四書摘訓	一	國會圖書館	乾隆一九年	寶曆 四年	一七五四	
四書蒙引	一	國會圖書館	乾隆一九年	寶曆 四年	一七五四	
四書評	一	國會圖書館	乾隆一九年	寶曆 四年	一七五四	
四書圖考	一	國會圖書館	乾隆一九年	寶曆 四年	一七五四	
四書經筵直解	一	國會圖書館	乾隆一九年	寶曆 四年	一七五四	
四書正彙合解	一	國會圖書館	乾隆一九年	寶曆 四年	一七五四	
四書名物考	一	國會圖書館	乾隆一九年	寶曆 四年	一七五四	
四書諸儒輯要	一	國會圖書館	乾隆二一年	寶曆 六年	一七五六	
四書語錄	一	國會圖書館	乾隆二六年	寶曆一一年	一七六一	
四書易簡錄	一	國會圖書館	乾隆三七年	安永 元年	一七七二	
四書類典藏	一	國會圖書館	乾隆三七年	安永 元年	一七七二	
四書典林	一	國會圖書館	乾隆三七年	安永 元年	一七七二	
論語集解義疏	一	松浦史料博物館	乾隆五一年	天明 六年	一七八六	袖珍本
十三經註疏	一	斯道文庫	乾隆五一年	天明 六年	一七八六	

四書釋地	一六	斯道文庫	乾隆五一年	天明六年	一七八六	
謄寫四書	一	斯道文庫	乾隆五一年	天明六年	一七八六	
四書溫故錄	一	斯道文庫	乾隆五一年	天明六年	一七八六	
四書古人典林	二〇	斯道文庫	乾隆五一年	天明六年	一七八六	
乾隆版十三經	一	斯道文庫	乾隆五九年	寬政六年	一七九四	南京船所運
四書全書目錄	一	斯道文庫	乾隆五九年	寬政六年	一七九四	南京船所運
十三經	二	斯道文庫	乾隆五九年	寬政六年	一七九四	南京船所運
四書聚考	五	斯道文庫	乾隆五九年	寬政六年	一七九四	
十三經註疏	一	斯道文庫	乾隆五九年	寬政六年	一七九四	
四書翼注論文	二	斯道文庫	乾隆五九年	寬政六年	一七九四	
增補四書左國輯要	二四	斯道文庫	乾隆五九年	寬政六年	一七九四	
四書溫故錄	一	斯道文庫	乾隆五九年	寬政六年	一七九四	
四書五經	一	斯道文庫	乾隆五九年	寬政六年	一七九四	
四書典制類聯	三	斯道文庫	乾隆五九年	寬政六年	一七九四	
嘉慶板十三經註疏	六五	斯道文庫	乾隆五九年	寬政六年	一七九四	疑有誤寫嘉慶在乾隆之後
四書集說	一	斯道文庫	乾隆五九年	寬政六年	一七九四	
重訂四書左國輯要	八	斯道文庫	乾隆五九年	寬政六年	一七九四	
四書釋地	四七	斯道文庫	乾隆五九年	寬政六年	一七九四	

四書人物串注	四	斯道文庫	乾隆五九年	寛政　六年	一七九四	《瓊浦雜綴》卷上所錄
四書音註類□	二	斯道文庫	乾隆五九年	寛政　六年	一七九四	《瓊浦雜綴》卷上所錄
四書人物類典串珠	四	斯道文庫	乾隆五九年	寛政　六年	一七九四	《瓊浦雜綴》袖珍
四書典制類□□音註	二	斯道文庫	乾隆五九年	寛政　六年	一七九四	《瓊浦雜綴》袖珍
四書釋地	一	國會圖書館	嘉慶　元年	寛政　八年	一七九六	
四書集說	一	國會圖書館	嘉慶　二年	寛政　九年	一七九七	
四書問辨	一	國會圖書館	嘉慶　二年	寛政　九年	一七九七	
四書翼註論文	一	國會圖書館	嘉慶　四年	寛政一一年	一七九九	
四書溫故錄	一	國會圖書館	嘉慶　五年	寛政一二年	一八〇〇	
四書經傳典考	一	國會圖書館	嘉慶　五年	寛政一二年	一八〇〇	
四書經註集證	一	國會圖書館	嘉慶　五年	寛政一二年	一八〇〇	
四書或問語類集解釋註	一	國會圖書館	嘉慶　六年	享和　元年	一八〇一	
四書語類鈔	二	天理圖書館	嘉慶二一年	天保一二年	一八四一	
四書困勉錄孟子續不足	一	天理圖書館	嘉慶二一年	天保一二年	一八四一	
四書或問	一	天理圖書館	嘉慶二一年	天保一二年	一八四一	

四書困勉錄	一	天理圖書館	嘉慶二一年	天保一二年	一八四一	
四書或問語類大全	一	天理圖書館	嘉慶二一年	天保一二年	一八四一	
四書永樂大全	一	天理圖書館	嘉慶二一年	天保一二年	一八四一	
汪武曹四書大全	一三	天理圖書館	嘉慶二一年	天保一二年	一八四一	其中四部爲瑕疵本
四書答問大全	六	天理圖書館	嘉慶二一年	天保一二年	一八四一	
四書撮言大全	五	天理圖書館	嘉慶二一年	天保一二年	一八四一	
四書滙纂	二	天理圖書館	嘉慶二一年	天保一二年	一八四一	
四書集註	三	天理圖書館	嘉慶二一年	天保一二年	一八四一	
四書撮言	四	天理圖書館	嘉慶二一年	天保一二年	一八四一	
四書講	一	天理圖書館	嘉慶二一年	天保一二年	一八四一	
四書左國彙纂	一	天理圖書館	嘉慶二一年	天保一二年	一八四一	
四書左國輯要	一	天理圖書館	嘉慶二一年	天保一二年	一八四一	
四書述朱	一	天理圖書館	嘉慶二一年	天保一二年	一八四一	
四書翊註	一	天理圖書館	嘉慶二一年	天保一二年	一八四一	
四書圖考	一〇	天理圖書館	嘉慶二一年	天保一二年	一八四一	
四書分辨詳解	一	天理圖書館	嘉慶二一年	天保一二年	一八四一	
四書翼眞	一	天理圖書館	嘉慶二一年	天保一二年	一八四一	
四書參解	一	天理圖書館	嘉慶二一年	天保一二年	一八四一	
四書大全	一	天理圖書館	道光二六年	弘化三年	一八四六	

四書困勉録	二	天理圖書館	道光二六年	弘化三年	一八四六
四書經注	二	天理圖書館	道光二六年	弘化三年	一八四六
四書集註朱批	六	天理圖書館	道光二六年	弘化三年	一八四六
四書講義	三	天理圖書館	道光二六年	弘化三年	一八四六
四書經世録	一	天理圖書館	道光二六年	弘化三年	一八四六
四書説約	一	天理圖書館	道光二六年	弘化三年	一八四六
四書改錯	一	天理圖書館	道光二六年	弘化三年	一八四六
四書集益	四	天理圖書館	道光二六年	弘化三年	一八四六
四書講義	二	天理圖書館	道光二七年	弘化四年	一八四七
四書講	六	天理圖書館	道光二七年	弘化四年	一八四七
四書備考	一	天理圖書館	道光二七年	弘化四年	一八四七
汪武曹四書大全	一一	天理圖書館	道光二七年	弘化四年	一八四七
四書困勉録	四	天理圖書館	道光二七年	弘化四年	一八四七
四書解疑	二	天理圖書館	道光二七年	弘化四年	一八四七
四書撮言大全	二	天理圖書館	道光二七年	弘化四年	一八四七
四書典林	一	天理圖書館	道光二七年	弘化四年	一八四七
四書滙參	一	天理圖書館	道光二七年	弘化四年	一八四七
禮記鄭註	四	天理圖書館	道光二七年	弘化四年	一八四七
石刻十三經	二	天理圖書館	道光二七年	弘化四年	一八四七

四書改錯	二	天理圖書館	道光二七年	弘化四年	一八四七	
四書經註	一	天理圖書館	道光二七年	弘化四年	一八四七	
孟子	一	天理圖書館	道光二七年	弘化四年	一八四七	
四書精言大全	五	天理圖書館	道光二七年	弘化四年	一八四七	
四書精言大全	一	天理圖書館	道光二八年	弘化五年	一八四八	
四書通	一	天理圖書館	道光二八年	弘化五年	一八四八	
四書考輯	一	天理圖書館	道光二八年	弘化五年	一八四八	
四書講	二	天理圖書館	道光二八年	弘化五年	一八四八	
四書自課錄	一三	天理圖書館	道光二八年	嘉永元年	一八四八	日本於本年二月二八日改元
四書講義大全	二	天理圖書館	道光二八年	嘉永元年	一八四八	
汪武曹四書大全	一	天理圖書館	道光二八年	嘉永元年	一八四八	
汪武曹四書大全	四六	天理圖書館	道光二九年	嘉永二年	一八四九	
四書困勉錄	七	天理圖書館	道光二九年	嘉永二年	一八四九	
四書集編	一	天理圖書館	道光二九年	嘉永二年	一八四九	
四書講	四	天理圖書館	道光二九年	嘉永二年	一八四九	
四書經註不足本	一	天理圖書館	道光二九年	嘉永二年	一八四九	
四書合講	一三	天理圖書館	道光二九年	嘉永二年	一八四九	
四書大全	一	天理圖書館	道光二九年	嘉永二年	一八四九	

四書滙參	三	天理圖書館	道光二九年	嘉永　二年	一八四九
四書襯	一	天理圖書館	道光二九年	嘉永　二年	一八四九
四書備考	一	天理圖書館	道光二九年	嘉永　二年	一八四九
四書直解	一	天理圖書館	道光二九年	嘉永　二年	一八四九
四書精言大全	一	天理圖書館	道光二九年	嘉永　二年	一八四九
十三經註疏	一	天理圖書館	道光二九年	嘉永　二年	一八四九
三禮注	一	天理圖書館	道光二九年	嘉永　二年	一八四九
十三經古注	一	天理圖書館	道光二九年	嘉永　二年	一八四九
四書斷	一	天理圖書館	道光二九年	嘉永　二年	一八四九
四書經注	四	天理圖書館	道光二九年	嘉永　二年	一八四九
四書考	一	天理圖書館	道光二九年	嘉永　二年	一八四九
四書自課錄	四九	天理圖書館	道光二九年	嘉永　二年	一八四九
汪武曹四書大全	一九	天理圖書館	道光三〇年	嘉永　三年	一八五〇
禮記纂注	一	天理圖書館	道光三〇年	嘉永　三年	一八五〇
四書撮言大全	一	天理圖書館	道光三〇年	嘉永　三年	一八五〇
四書全講	二	天理圖書館	道光三〇年	嘉永　三年	一八五〇
四書注疏	一	天理圖書館	道光三〇年	嘉永　三年	一八五〇
禮記補疏	二	天理圖書館	道光三〇年	嘉永　三年	一八五〇
四書經傳蘊華	一	天理圖書館	道光三〇年	嘉永　三年	一八五〇

四書困勉錄	九	天理圖書館	道光三〇年	嘉永三年	一八五〇
四書匯參	一〇	天理圖書館	道光三〇年	嘉永三年	一八五〇
四書考證	一	天理圖書館	道光三〇年	嘉永三年	一八五〇
四書撮言大全	一	天理圖書館	道光三〇年	嘉永三年	一八五〇
四書人物集考	一	天理圖書館	道光三〇年	嘉永三年	一八五〇
四書問答	二	天理圖書館	道光三〇年	嘉永三年	一八五〇
四書改錯	一	天理圖書館	道光三〇年	嘉永三年	一八五〇
四書釋地	二	天理圖書館	道光三〇年	嘉永三年	一八五〇
四書或問	三	天理圖書館	道光三〇年	嘉永三年	一八五〇
四書經傳蘊華	一	天理圖書館	道光三〇年	嘉永三年	一八五〇
四書匯參	一	天理圖書館	咸豐元年	嘉永四年	一八五一
汪武曹四書大全	一〇	天理圖書館	咸豐元年	嘉永四年	一八五一
汪武曹四書大全	三	天理圖書館	咸豐二年	嘉永五年	一八五二
四書講義	一	天理圖書館	咸豐三年	嘉永六年	一八五三
四書匯參	四	天理圖書館	咸豐三年	嘉永六年	一八五三
汪武曹四書大全	二一	天理圖書館	咸豐三年	嘉永六年	一八五三
論語古訓	一	天理圖書館	咸豐三年	嘉永六年	一八五三
四書精言	一	天理圖書館	咸豐四年	嘉永七年	一八五四
四書難題問答	四	天理圖書館	咸豐四年	嘉永七年	一八五四

嘉慶板十三經注疏	二三	天理圖書館	咸豐　五年	安政　二年	一八五五	
十三經註疏	一	天理圖書館	咸豐　五年	安政　二年	一八五五	
倭紙嘉慶板十三經注疏	二	天理圖書館	咸豐　五年	安政　二年	一八五五	

2. 東傳年代不詳者

除上舉在清代由商舶運往而東傳年代及途徑明確者外，尚有不少成書於明清時期者在明朝成立以後被傳至日域。就目前典藏於內閣文庫及尊經閣文庫者言之，便多達一六〇種上下。它們已於近年由臺北漢學研究中心影印庋藏。由於筆者未曾至該兩文庫作實地調查，故既不知其來源，也不瞭解其每種各有多少部？惟它們除少數兩三種爲宋、元時代完成者外，其餘俱屬明、清兩朝人士之著作，故它們之於明代以後方纔東傳，是無庸置疑的。茲依其刊行年代之先後，分別錄列如下：

書名	卷數	冊數	撰著者	刊行年代	備註	典藏處所
獨慊齋手錄		一	不著撰人	舊鈔本	薛文靖公要語後附本	尊經閣
論語注疏	一一	三	魏何晏集解，宋邢昺疏，唐陸德明音釋	宋刊本配寫補本		宮內廳
（章圖）四書通考		八	元劉剡撰	元刊本		尊經閣

論語諸儒集成	二〇	五	元吳眞子撰	元刊本	尊經閣
四書初問	八	四	明徐爌撰	明嘉靖間刊本	尊經閣
四書翼傳三義	七	六	明劉思誠等編	明萬曆一六年序刊本	內閣
（重刻）四書續補便蒙解註	六	二	明徐奮鵬撰	明萬曆一七年刊本	內閣
感述錄、續感述錄	六、四	一	明趙維新撰	明萬曆一八年序刊本	尊經閣
紹聞編	八	六	明王樵撰	明萬曆二四年序刊本	內閣
（新鐫翰林九我李先生家傳）四書文林貫旨	六卷首一卷	二	明李廷機撰	明萬曆二八年刊本	內閣
四書崇熹註解	一九	三	明許獬撰李廷機校	明萬曆三〇年刊本	內閣
（新刻了凡袁先生）四書訓兒俗說	一一	二	明袁黃撰	明萬曆三五年序刊本	內閣
四書會解新意	一一	三	明錢肇陽撰	明萬曆四一年序刊本	內閣
筆洞生新悟	六	六	明徐奮鵬撰，朱頜等編	明萬曆四一年序刊本	內閣
（新刻湯太史擬授科湯題旨）天香閣說	六卷首一卷	二	明湯賓伊撰	明萬曆四二年序刊本	內閣
四書解縛編	一六	三	明鍾天元撰	明萬曆四三年序刊本	內閣
四書翼箋	九	四	明洪啓初撰	明萬曆四五年序刊本	內閣
四書要解	一七	五	明黃士俊撰	明萬曆四七年序刊本	內閣

大學考大學述同支言、中庸述同支言、論語述	三 八	三 六	明徐孚遠撰	明萬曆刊本		尊經閣
古今道脈		一八	明徐奮鵬撰	明萬曆刊本		尊經閣
(新刊)四書八進士釋疑講意	八	四	明張大本撰	明萬曆刊本		尊經閣
四書也足園初告		五	明王宇撰	明萬曆刊本		尊經閣
四書正義纂		三	明林兆恩撰	明萬曆刊本		尊經閣
四書吾學望洋編	二〇	七	明姚光祚撰	明萬曆刊本		尊經閣
四書衍明集註		二	明湯賓尹撰	明萬曆刊本		尊經閣
(鼎鐫三十名家彙纂)四書紀	一一	五	明馬世奇撰	明萬曆刊本		尊經閣
四書紀聞	一八	八	明黃光昇撰	明萬曆刊本		尊經閣
(新鍥皇明百名家)四書理解集	一四	六	明焦竑等撰	明萬曆刊本		尊經閣
四書說叢	一七	五	明沈守正撰	明萬曆刊本		尊經閣
經傳事文實錄		二	明楊文奎撰	明萬曆刊本		尊經閣
儒宗要輯	二九	五	明徐匡嶽撰	明萬曆刊本		尊經閣
四書說統	四	二	明李竑撰	明天啓二年序刊本		內閣
求古齋說書	三七	七	明張振淵撰	明天啓三年序刊本	石鏡山房	內閣

（郭洙源先生彙輯十太史）四書主意寶藏	一一	三	明郭偉編，朱鳳翔評	明天啓年序刊本	內閣
（新鐫）四書理印		四	明朱之翰撰	明天啓刊本	尊經閣
（區子）四書翼	五	二	明區羅陽撰	明天啓刊本	尊經閣
四書經正錄		三	明張雲鸞編	明崇禎四年序刊本	內閣
（纂定）古今大全	四〇	一八	明徐奮鵬撰，郭大經校	明崇禎五年序刊本	內閣
（刻鐵曹兩先生）四書千百年眼	一九卷首一卷	六	明余應科撰，張溥校	明崇禎六年序刊本	內閣
（新刻由會魁家傳課兒）四書順文捷解	六	一	明申紹芳撰	明崇禎七年序刊本	內閣
四書淺說			明陳琛撰，劉蜚英校	明崇禎一一年序刊本	內閣
（尺木居輯諸名公）四書尊註講意		四	明張明弼編	明崇禎一一年序刊本	內閣
（華亭臥子）說書丈箋	四	二	明陳子龍撰，張溥校	明崇禎一一年序刊本	內閣
（合參）四書蒙引存擬定解	二〇		明吳當撰	明崇禎一七年序刊本	內閣
四書考備	一二	五	明張溥撰	明崇禎刊本	尊經閣
（增補纂序）四書說約		四	明劉白珩撰	明崇禎刊本	尊經閣
（新刻）四書圖要	二	一	明徐邦佐撰	明崇禎刊本	尊經閣

四書醒言	六	五	明徐文楷撰	明崇禎刊本		尊經閣
(新刻王觀濤先生)四書翼注講意	四	三	明王納諫撰，王鼎鎮校	明崇禎三年序刊本		內閣
四書參		二	明張汝英撰	明朱墨刊本		尊經閣
(新刻六才子)四書醒人語	一四	四	明葛寅亮等撰，郭偉編	明光裕堂刊本		內閣
(新刻錢希聲先生)四書課兒捷解	八	二	明錢肅樂撰	明刊本		內閣
人物概	一五	二	明陳禹謨撰，錢受益等補	明刊本		內閣
仁文講義、水田講義	各一	一	明鄒元標著，聶繼皋評	明刊本	仁文水田講義合刻本	尊經閣
四書十一經通考	二〇	五	明顧夢麟撰	明刊本		內閣
(新刻註釋)四書人物備考	四〇		明薛應旂撰，朱熣注	明刊本		內閣
(三太史彙纂)四書人物類函	一六	三	明項煜撰，徐汧校	明刊本		內閣
(新鐫陳先生家評撰定)四書人鑑	一二	二	明陳琯撰	明刊本		尊經閣
四書大註參考		四	明李廷横撰	明刊本		尊經閣
四書弓治	八	三	明莊起蒙撰	明刊本		內閣
(新刻朱太復玄栖山中	一一	三	明朱長春、周延儒撰	明刊本		內閣

授兒）四書主意心得解						
四書印	二	二	明張溥撰	明刊本	張太史家傳	內閣
（重訂）四書名物備考	二四	四	明陳禹謨撰，錢受益、王道焜補	明刊本		內閣
（張天如先生彙訂）四書合考、	一二	三	明張溥撰	明刊本		內閣
四書合註篇	六	五	不著撰人	明刊本		尊經閣
四書刪正	六	二	明袁黃撰	明刊本		內閣
四書京華		一	明王安國撰	明刊本	存大學一卷	內閣
（新刻徐九一先生）四書剖訣	一三	四	明徐汧撰	明刊本		尊經閣
（鼎刻徐筆洞增補睡菴湯太史）四書脈講義	六	五	明湯賓尹撰，徐奮鵬補	明刊本		內閣
四書副墨		五	明陳組綬撰	明刊本		尊經閣
（二刻錢希聲先生手著）四書從信	二〇卷首一卷	三	明錢肅樂撰，楊廷樞等校	明刊本		內閣
四書湖南講		五	明葛寅亮撰	明刊本		內閣
四書尊註大全		五	明張溥編	明刊本		尊經閣
四書評眼	一三	二	明楊起元等撰	明刊本		內閣
四書註疏大全合纂	一四	二	明張溥編	明刊本		內閣

四書發慧捷解	一三	一	明艾南英撰	明刊本		內閣
四書備考定本	六		明徐孚遠撰	明刊本		內閣
(馨兒濬發)四書集註		二	明張以誠撰	明刊本		尊經閣
(新刻項仲照先生)四書鄉環集註	一九	三	明項焜撰	明刊本		內閣
四書鼎臠	六	二	明馬世奇撰	明刊本		內閣
四書彙徵		八	明陳智錫等撰	明刊本		內閣
四書解	六	五	明黃景星撰	明刊本	黃進士槐芝堂	內閣
四書傳註		六	明李資乾撰	明刊本		尊經閣
(刪補)四書微言	二〇	五	明唐汝諤撰	明刊本		內閣
(新刻張侗初先生永思齋)四書講	二〇	四	明張鼐撰	明刊本		內閣
四書說約	二〇	七	明顧夢麟撰	明刊本		內閣
四書說乘	六	二	明張嵩撰，張凡等校	明刊本		內閣
四書說剩	六	二	明林散撰，張鼐校	明刊本		內閣
四書聞	六	四	明姚文蔚撰	明刊本		內閣
四書綱鑑	一九	四	明黃起有撰	明刊本		尊經閣
四書燃犀解			明陳組綬撰，周鍾等補	明刊本	近聖居三刻參	內閣

四書講意聖賢心訣		二	明周文德撰	明刊本	補 四明居刪補	尊經閣
四書講義存是	六	二	明周文德撰	明刊本	四書居新訂	內閣
四書翼經圖解		五	明余應虬撰，張明弼補	明刊本	近聖居	內閣
四書總論訂疑		一	明黎溫撰	明刊本	歷代道學統宗淵源問對	尊經閣
四書闢旦		六	明黃獻臣撰	明刊本		內閣
四書體義	一一	五	明沈機撰，王道焜校	明刊本		內閣
（頂會魁）四書聽月知新錄	一二	三	明頂聲國撰，劉肇慶校	明刊本		內閣
		三	明徐奮鵬撰，徐春茂、徐春盛編	明刊本		內閣
皇明百六家問答	一五	五	明郭偉撰，郭萬祁編	明刊本		內閣
發明朱程集註		二	明楊昆阜撰	明刊本		尊經閣
（參補）鄒魯心印集註		二	明張明弼撰，夏允彝等補	明刊本		內閣
論語訂釋	一一	二	明管志道重訂，宋朱熹集註	明刊本	管東溟先生文集本	尊經閣
諸說辨斷	一一	五	明周延儒撰	明刊本	太史周玉繩評斷四奇新輯國朝名公主意綱目	內閣
論語義府	二〇		明王肯堂編	明刊本		內閣

論語駁異	二〇		明王衡撰，婁堅校	明刊本		內閣
慧眼山房說書	二〇	六	明陳天定撰，林儒等校	明刊本		內閣
孔經見聖編		三六	明譚貞默撰	清順治二年刊本		內閣
四書大全辯			明張自烈撰	清順治八年序刊本		內閣
四書集說	二八	七	明徐養元撰，趙漁校	清順治一五年刊本	石渠閣精訂	內閣
四書諸家辯、四書諸家辯辯略	二	六	明張自烈撰	清順治刊本		尊經閣
四書正義	二〇	六	清宋繼澄撰	清康熙九年序刊本		內閣
四書彙解	四〇	八	清史以徵撰	清康熙一二年序刊本		內閣
四書斷	二〇	二	清周心杞撰，蔣光世校	清康熙一七年序刊本		內閣
四書述		六	清金輝鼎撰，金枘等編	清康熙二二年序刊本		內閣
四書緒言		六	清孫瑯撰	清康熙二五年序刊本		內閣
四書備解	一六	六	清董喆、陳枚撰	清康熙二八年刊本	馮山閣精訂	內閣
(合纂)四書彙通	二七卷首一卷	九	清李戴禮撰	清康熙二八年序刊本		內閣
(刪定)四書初學易知解	一一	四	清邵嗣堯撰	清康熙三三年序刊本		內閣
四書集註補	一四		清王復禮撰	清康熙四三年序刊本		內閣

四書明儒大全精義		一一	清湯傳榘撰，徐自洵校	清康熙四四年刊本	內閣
（家塾）四書講義錄		五	清黃瑞撰	清康熙四八年刊本	內閣
呂子評語		六	清車鼎豐編	清康熙五五年序刊本	內閣
四書諸儒輯要		一三	清李沛霖編	清康熙五七年刊本	內閣
四書講	四〇	八	清金松撰，朱邦椿、朱邦棋校	清康熙五九年序刊本	內閣
（朱子）四書或問小註			清鄭任鑰校	清康熙六一年刊本	內閣
四書述朱	二七	五	清黃昌衢編，張麗金校	清康熙刊本	內閣
四書會要錄		一二	清黃瑞撰	清乾隆四二年刊本	內閣
四書翼註論文	三八	五	清張甄陶撰	清乾隆四二年刊本	內閣
四書溫故錄		二	清趙佑撰	清乾隆五二年序刊本	內閣
四書題鏡		五	清汪鯉翔撰	清乾隆刊本	內閣
（漱芳軒合纂）四書體註		二	清范翔校	清嘉慶元年刊本	內閣
四書是訓	一五	二	清平恕撰	清嘉慶八年刊本	內閣
四書答問	一二	六	清秦士顯撰，蕭士然編	清嘉慶一八年刊本	內閣
四書集說		一一	清陶起庠撰	清嘉慶一八年序刊本	內閣
四書自課錄	三〇	六	清任時懋撰	清道光九年刊本	內閣

四書繹			清陳景惇撰	清道光三〇年刊本		內閣
(增訂)四書大全		一四	清陸隴其編	清刊本		內閣
(三魚堂)四書大全		一四	清陸隴其編	清刊本		內閣
四書朱子大全精言		一一	清周大撞撰	清刊本		內閣
四書左國輯要	二	一	清周龍官撰,王楫校	清刊本		內閣
四書條說	四八	八	清殷祁雷撰	清刊本		內閣
四書參解	六	二	清趙龍詔撰,汪琥校	清刊本		內閣
四書插注		三	清張鳳藻撰	清刊本		內閣
四書解疑	二〇	五	清黃梅峰撰	清刊本		內閣
四書講義集說		一	清李道南撰	清刊本		內閣
四書襯		二	清駱培撰,王坤等校	清刊本		內閣
四書勸學錄	八	九	清謝廷龍撰	清刊本		內閣
四書體朱正宗約解	二〇	四	清胡士佺、陳潤撰	清刊本		內閣
朱子文集纂	三二	二	清陳鋐撰	清刊本		內閣
朱註發明	一九	五	清王掞撰	清刊本		內閣
晚邨慙書		一	清呂用晦撰	清刊本		內閣
經筵進講原本		五	明張居正撰	清刊本		內閣

由上列圖書目錄可知，在明清時代東傳日本的《四書》關係論著的數量與其種類何其多，此一事實不僅可證明日本人士對《四書》的重視，及對此一領域的研究之盛行，也可從而得知他們對中國當時的新著作都予以進口。他們除直接向中國進口新刊之此一領域的相關論著外，也還重刊新進口的論著，例如於江戶年間（一六〇三～一八六七）刊行明胡廣等奉勅編，日人藤原肅注（鼇頭評註）《四書大全》，及於元祿十年（一六九七）刊行清人吳荃之《四書正解》三〇卷，嘉永元年（一八四八）刊行明人王納諫之《四書翼註》六卷，即是明證。至於彼邦人士對此一方面的論著，則詳於林泰輔的《論語年譜》而無須贅言。

四、《四書》研究在日本的發展

自從《論語》在三世紀八〇年代東傳日域以後不久，它不僅成爲其公卿、貴族必讀之書，而且在那以後的儒家經籍之不斷東傳，儒家思想不但被其君臣奉爲日常生活之準繩，更成爲其建立中央集權統治時的思想依據與理論基礎。迄至七世紀後半的文武天皇之治世（六九七～七〇七在位），仿唐制而在中央設「大學」，地方置「國學」以培養政治人材時，則非僅以儒家經典作教材，對其所需修習之經典與注疏版本，或對大、中、小經的規定與夫評定學生成績的方式，也與唐朝無二致。於是讀儒書便成爲士人步入宦途的敲門磚，更成爲當時的公卿、貴族所必讀之教養書。在此情形之下，至八世紀頒布《大寶律令》時（七〇一），乃規定「大學」與「國學」在每年春秋兩季必需舉行釋奠——祭祀孔子，以示尊崇孔子，而此種儀式迄今仍未間斷。

當新儒學隨著禪宗之東傳而傳至日本以後，儒家經典也仍被彼邦人士視爲日常必讀之書，而宋儒之論著也被源源不斷的進口。在此一時期執日本儒學界之牛耳者，已非中央之公卿、貴族而轉移到五山禪僧們之手。那些禪僧用以研究的儒家經典，也已非漢唐古註而採宋儒新註。結果，在日本漢文學史上，除平安時代由公卿、貴族所造成之高峰外，又創造了另一個高峰。就其《四書》方面的研究言之，其成果也頗有可觀者。

如就日本人士研究儒家經籍的對象言之，宋以前係以《五經》爲中心，在那以後則以《四書》爲中心，由於日本的儒學研究始終受中國之影響，故日本中世禪林之儒學研究，也自然傾向於宋儒新註方面。⑫茲依《大學》、《中庸》、《論語》、《孟子》的次序，將那些禪僧們對它們的觀點，與其研究成果分別考察如下：

1.大學

五山禪僧對《大學》的看法如何？當室町幕府第三任將軍足利義滿（一三五八～一四〇八）欲讀此書而徵求釋義堂周信（一三二五～一三八八）之意見時，義堂對曰：

《大學》乃《四書》之一，唐人學《四書》者，先讀《大學》。意者，治國者先明德、正心、誠意、修身，是最緊要也，敢請殿下《四書》之學弗怠，則天下不待令而治矣。⑬

義堂不僅勸義滿要讀《大學》以學修齊治平之道，也還請他不可忽略《四書》之學，如此方能將國家治好，因他認爲主持國政者必須先「正心」、「正身」，故曰：

心安則身安，身安則家安，家安則國安，國安則天下安。天下安則凡寓形於宇內者，皆安寧而居，苟或心未安則反之。⑭

而利用《大學》八條目來說明安心、正心爲治國平天下之根本。⑮村菴靈彥則曰：

《事林廣記》〈驚世人事〉類中載余氏家所稱「居家四本」者，其一曰：「讀書，起家之本」。其二曰：「循理，保家之本」。其三曰：「勤儉，治家之本」。其四曰：「和順，齊家之本」。予嘗論此四本者，繇《大學》八條目之例而可辨焉。若夫讀書起家而後循理保家，循理而後勤儉治家，勤儉而後和順齊家，其先後次第自然吻合矣。凡公侯及士庶人之家，造次、顚沛，目想心存，不忘斯言，則其本必立，而其末必成矣。⑯

誠如芳賀幸四郎所言，此乃仿《大學》八條目之例來解釋「居家四本」，而對《大學》之本末思想有相當的體認。⑰

時代稍晚的室町時代（一三三六～一五七三）後期僧侶月舟壽桂，他讀《大學》所獲之心得是：

大學之道，在明明德，在親民，在止於至善，此儒家者之三綱也。天台吳筠著〈玄綱〉之篇，贊青年之書，此道家者之三綱也。五千餘函之說，不過於戒、定、慧之三，此佛家者之三綱也。萬目雖異，大綱則同。云云。三教即一教，三綱即一綱，誰論萬目有異哉。⑱

而利用《大學》來弘揚禪教。又曰：

湯之盤〈銘〉曰：「苟日新，日日新，又日新」。蓋滌爾心垢，豁爾胸天，昨日如此，明日如此。〈康誥〉曰：「作新民」。蓋鼓舞日新之道，俾萬民警發焉。《詩》曰：「周雖舊邦，其命維新」。蓋文王能新其德，始受天命。戴氏〈大學〉篇舉此三語，以述新民之義，大哉！在我新其德，至哉！令人新其德。⑲

而以敷衍《大學章句》方式來比較其對儒、釋、道三家之三綱的看法。岐陽方秀則認爲如要引導衆庶進入佛門，從而使之「自他不二」，「眞俗不二」，「萬物與一體」之境，以獲得佛果，其修養方式與「先儒明德、新民之要」並無二致。⑳由此觀之，雲章以禪理來解釋《大學》之章句，同時也利用《大學》來詮釋禪理。他既對此書有深刻瞭解，則他之著有《學庸科文》一卷，乃理所當然之事。

迄至江戶時代（一六〇三～一八六七），《大學》也仍爲日域知識分子所喜愛，不斷有人對它作深入研究，且有傑出的研究成果，如：古義學派的伊藤仁齋（一六二七～一七〇五）之《大學定本》，蘐園學派的荻生徂徠（一六六九～一七二八）之《大學解》，陽明學派的中江藤樹（一六〇八～一六四八）之《大學解》，大鹽平八郎的《古本大學刮目》，折衷學派的太田錦城（一七六五～一八二五）之《大學原解》，它們俱受學界之重視。

2.中庸

日本東北大學教授武內義雄曾在其鉅著《東洋哲學史》第廿三章〈道學之大成——朱子〉裏，將朱晦菴之道學析爲「宇宙論」、「人性論」、「實踐道德」三個領域來加以闡釋，以爲朱氏在「宇宙論」裏，用程子之哲學來解釋周子之〈太極圖說〉而立一家之言；在「人性論」裏，以其自己之哲學來闡明《中庸》而斷言「誠」爲宇宙人性一貫之原理，當要說明他的「實踐道德」時，則又以其本身之哲學來解釋《大學》，力言「格物窮理」之道。於是《大學》與《中庸》便與《論語》、《孟子》分庭抗禮，成爲儒家之重要經典，從而完成以《大學》、《中庸》、《論語》、《孟子》等《四書》爲根柢之道學。

由於《中庸》在宋學的成立上居於重要地位，而華僧明教契嵩又從此書引出許多儒、釋兩教之一致處，以著《中庸解》，所以華僧重視《中庸》的風潮也隨禪宗之東傳而吹向日本，而此事亦可由前舉《普門院經論章疏語錄儒書等目錄》中有無垢先生《中庸說》二冊，晦菴《中庸或問》七冊之事實獲得佐證。

《中庸》以天賦人以「性」，予人類生生不息之機，順此機動之力以演化，謂之「道」㉑。「性」从心从生，人以心領悟，人類秉於天，有生生不息之機，且稟有氣質焉。此生生不息之機，自遠古之「無極」至於未來之「太極」，配於進化之秩序，謂之「道」。㉒日人對此一方面的看法如何？中巖圓月（一三〇〇～一三七五）曰：

〈樂記〉曰：「人生而靜，天之性也，感物而動，情之欲也」。《中庸》曰：「天命之謂性」。又曰：「喜、怒、哀、樂之未發，謂之中，發而皆中節，謂之和」。以予言之，所謂中則靜也，喜、怒、哀、樂未發，則性之本也，天命稟之者。性之靜，本乎天也，是性也，靈明沖虛，故

曰覺。喜、怒、哀、樂之發則情也。情者，人之欲也。是情也，蒙鬱闇冒，故曰不覺。㉓

由這段文字觀之，中巖不僅對《中庸》的本義瞭解得很透徹，也成為他的佛性觀。他認為：

孟軻氏以降言性者差矣。或善焉，或惡焉，或善惡混焉。或上焉，中焉，下焉而三之，皆以出乎性者言之耳，舍本取末也，性之本靜而已。善也，惡也者，性之發於情而出者也。㉔

亦即他認為性乃善惡未分以前之絕對，發於情之後方纔有善，有惡，方纔產生善、惡之別。因此他認為孟子以後各子所言性論為誤。與之同時，他也將性析為本然之性與氣質之性，更認為由於氣質性善惡相混，致情亦善惡相混，㉕而其言值得傾聽。

程伊川曰：「不偏之謂中，不易之謂庸」。中者，不偏不倚，無過不及，如處四方之中，其靜如止為中，其動中節為和，性也，理也。庸者，常也，理也，不易之理也。義堂周信（一三二五～一三八八）則以《中庸》所謂：「中也者天下之大本也」來把握「中」，以為此與佛教之妙心同義。曰：

忠，中也，心也。夫中心者，非世所謂心也，佛祖所傳妙心也。中也者，非世所謂中也，天下大本之中也。大本，故無道不歸焉；妙心，故無法不攝焉。推而廣之，在儒氏也，仁之，義之，禮之，樂之，而皆不出乎是大中矣。在佛氏也，戒焉，定焉，慧焉。是三者學，皆不離乎是妙心矣。統而一之，則惟中，惟心。心，猶中也；中，猶心也。曰：惟中而已矣，曰：惟心而已矣。斷斷乎儒於是，佛於是，則忠也，恕也，亦皆在其中矣。㉖

可見義堂認為仁義禮樂等萬德萬行無不歸於中，故中為天下之大本。仲芳圓伊（一三五四～一四一三）則曰：

夫中也者，蓋萬化之源，而一心之妙用也。方其未發，純粹清明之理，渾然而存焉，無有偏倚乖錯之失，乃中之體也。逮其既發，事物浩穰之變，泛然而應焉，無有亢過不及之患。乃中之用也。大焉而天地陰陽之運，得之則正，失之則差。細焉而草木昆蟲之生，得之則遂，失之則天，所謂天下之大本者邪？吾教曰：「中道也」，曰：「中觀也」，曰：「中諦也」，……吁旨哉！中之爲義也，省思慮，謹視聽，安是而行者，其果優入聖賢之域耶？㉗

仲芳以爲「情」發於心，心正即「情」純，心境純然，無私欲所染，所發之「情」，乃能無過不及，恰得其當。如此則所發之言，必有分寸，所發之活動，亦必有界限，君子知本達道，各得其位，各遂其養，知天知人，則其言動必足爲世法。㉘仲芳之根據《中庸》〈一章〉之言，認爲支配宇宙人生之最高原理爲中，並根據釋教體用之範疇，將中析爲既發與未發兩種，從而將其推論，比作佛教中道、中觀、中諦的說法，實有超越宋儒之處。㉙

那些禪僧們對《中庸》的理解既然很深，且有其獨自的見解，所以在他們之間曾有不少人根據此書內容作「字說」，例如，中巖圓月《中正子》所錄〈剛中說〉、〈溫中說〉、〈方中說〉；翱之慧鳳《竹居清事》所載〈中溪說〉；橫川景三《補菴京華集》之〈建中字說〉；仁如集堯《縷冰集》之〈在中齋說〉；南化玄與《虛白集》之〈一中齋說〉、〈中巖說〉等是。

迄至江戶時代，此一領域之研究被更爲發揚，有上述古義學派的伊藤仁齋之《中庸發揮》，蓤園學派的荻生徂徠之《中庸解》，陽明學派中江藤樹之《中庸解》，以及折衷學派的太田錦城之《中庸原解》等鉅著相繼問世，給日本近世之《中庸》研究掀起了高潮。

3.論語

在《大學》、《中庸》、《論語》、《孟子》四種儒家經典中，對日本人士之影響層面最大、最深者為《論語》，而此事當無人否認。就目前已知文獻資料所示，《論語》乃為最早經由百濟官方東傳日域的漢籍，它不僅被定為「大學」、「國學」的必修課程之一，其內容也被認為是待人處世之準繩而加以奉行。因此，自古以來非但有許多人讀它，研究它，其相關論著也不斷問世而其數不少。日本人士所研讀的《論語》之版本，與其他儒家經典一樣，係採漢、唐古註，直到宋儒新註書自南宋末年逐漸東傳以後，方纔自禪林漸次推廣，朱子學終於成為日本漢文學之主流。

自古以來，《論語》為日域一般有教養之人士所必讀，當禪宗東傳以後，在其禪林之間也同樣重視它，研究它，且時常利用它來教化世俗。例如：當鎌倉幕府（一一八五～一三三三）執權（職稱）北條時賴（一二二七～一二六三），向華僧蘭溪道隆（一二一三～一二七八）請教為政之道時，蘭溪即引《論語》〈顏淵篇〉所記之言以對之曰：

> 政者，正也，所以正文物也，文物不正，則世俗不治。故古聖賢先正人文而以治國矣。㉚

而加以教化。日本禪林之利用《論語》來弘揚佛法，教化世俗，或用以作偈頌、字說的例子不勝枚舉，而此事只要翻閱他們的著作便可獲得佐證。

儒家哲學之中心爲「仁」。「仁也者，人也，合而言之道也」。㉛「恕」爲人與人之消極行爲，彼此關係亦屬相對待，爲己所不欲，勿施於人。景徐周麟曰：

子程子曰：「中心爲忠」。夫子告「參乎以一貫之道」。參以忠恕二字釋之。子朱子曰：「一是忠，貫是恕」。又曰：「一是一心，貫是萬事。」是乃儒家者之就心以論中字者也。㉜

此乃敷衍《論語集註》所見程、朱之言而立說，並非根據漢唐古註來立論。南化玄興則曰：

如心之兩字者，恕之一字也。儒箋云：「忠謂盡中心，恕謂恃我於人。先哲雖弘道於牛棟之書，夫子之道，忠恕而已矣。以一貫之道爲諱，爲字者，豈無所以乎哉」！㉝

此乃南化爲人作〈一以字說〉所發之言。文中所謂：「儒箋曰」之「儒」，當係指皇侃而言。亦即南化除宋儒新註外，也兼採漢唐學者之說來教化世俗弟子，並藉《論語》之言以收宏效。

能「忠」能「恕」，則距道不遠，能推己及人，以己度人，則可以盡人情。㉞孔子教其弟子，並列示親親、事君、交友之際，須善自檢討。所謂檢討，就是反求諸己，自我反省，亦即孟子所謂：

愛人不親，反其仁；治人不治，反其智；禮人不答，反其教；行有不得者皆反求諸己，其身正而天下歸之。㉟

由於孔子所言親親、君君、交友之道，尤其朱子君君、臣臣、父父、子子的理論頗適宜日本當時的封建體制，故成爲當局者之文教政策的根本。在江戶時代則更將朱子學派的學說列爲正學、官學，凡非祖述朱子學者如：古義學派、古文辭學派、陽明學派、折衷學派等都被視爲異學，遭江戶幕府排除於登用官吏時的考試範圍之外——寬政異學之禁㊱。此事姑且不談。雖然如此，無論官學或異學，都重視《論語》而均有相關著作問世，至其此一方面之論著，則詳於林泰輔之《論語年譜》，不擬在此贅言。

4.孟子

由於《孟子》具有易世革命思想，肯定民本思想，故自古以來即被日域的統治階級視為不合其國體而予以批判，故讀它的人似乎遠不如《大學》、《中庸》、《論語》多，甚至有人以為如有舶載此書者，其船必在途中翻覆，㊲而帶有濃厚的迷信色彩。此一迷信，更成為《孟子》在日域普及之阻力，此事亦可由《五雜俎》所謂：

倭奴之重儒書，信佛法，凡中國經書皆以重價購之，獨無《孟子》。云：「有攜其書往者，舟載覆溺，此亦一奇事也」。㊳

獲得佐證。我們雖無從得知《五雜俎》的作者謝肇淛根據甚麼來發此一言論，但《孟子》一書之始終不如《論語》之受其當政者歡迎之事實，則似乎無法加以否認。雖然如此，《孟子》也並非到謝肇淛生存的年代都未東傳，而早在九世紀末以前即有東傳之事實，其明證就是《日本國見在書目錄》，二四，〈儒家類〉百三四卷圖書中有趙岐註《孟子》一四，陸善經註《孟子》七。至如日僧虎關師錬（一二七八～一三四六）：「尊孔道者無若孟軻」㊴，而以孟子為繼承孔教之正統，並認為他是一位大教育家的說法，㊵即表示在十三世紀以前，該書已為日本人士所熟讀。即使古代的日本人士未曾直接閱讀《孟子》，但他們之經由其他儒家經典的註疏而接觸其部分文章，則殆無疑慮，例如：《論語》「爲政篇・子游問孝章」之〈疏〉所謂：

《正義》云孟子曰者，案：《孟子》〈盡心篇〉，孟子曰：「食而不愛，豕交之也，愛而不敬，獸畜之也」。……趙岐〈注〉云：「……引之以證孝必須敬，彼言豕交之，此作豕畜之者，所見本異或傳寫誤」。

或同書〈顏淵篇・哀公問政於有若章〉之〈疏〉所謂：

夏后氏五十而貢，殷人七十而助，周人百畝而徹，其實皆什一也。趙岐〈注〉云：「……孟子又曰：『方里井，井九百畝，其中爲公田，八家皆私百畝，同養公田。公事畢，然後敢私事。……』。又，孟子對滕文公云：「請野九一而助，國中什一使自賦。……」趙岐不解夏五十，殷七十之意。云云。

即是最佳例證。

《孟子》東傳的時間雖不詳，在八世紀完成的《文鏡秘府論》已有引用之例，㊶故即使它未受官方之重視，其爲一般學者作深入研究且有相當心得，實無法加以否定。至於在其中世之有不少人士研讀此書，則可由義堂周信所言：

京師（夢巖祖）應禪師講孟子書，俗人多就而聽之。㊷

推而知之。文中所舉夢巖祖應爲日本五山禪僧之一，他不但對《孟子》作深入研究，更謂：「孔子之

後有孟子，先儒之言不誣矣」，而贊同宋儒之孟子之正統論。㊸

又當我們翻閱義堂周信之日記《空華日用工夫略集》時，可發現如下的記載：

○余又勸君（足利義滿）曰：「儒書中宜讀《孟子》」。府君頷之。康曆二年（一三八〇）十一月六日條。

○府君又問《孟子》中伯夷、伊尹、柳下惠、清程和任（任和）、孔子集大成者等事，余略答之。永德元年（一三八九）十一月七日條。

○君問《孟子》書中疑處，孟子聖人百世師，柳下惠等事，余引《孟子》倪氏《集註》（《四書輯釋》？）而詳說之。君喜曰：「吾疑泮然」。又曰：「昨日聽《孟子》既畢，……」。永德元年十二月二日條。

誠如芳賀幸四郎所說，此係義堂誘掖室町幕府第三任將軍足利義滿讀書，而義滿已有好學之心的歷程之資料，㊹然我們卻可由此得知《孟子》在中世紀已被認爲是當政者必讀之書而受推崇之一端。

五山禪僧既然重視《孟子》，復又認爲是人君必讀之書，故他們除自行研讀外，也將它利用於弘揚禪教方面，並爲人作「字說」，「銘」等，㊺而已能夠直率的道出該書之含義，此一研究風潮雖爲江戶學者所繼承，然因此一方面的資料有限，容於日後再考察。

五、結　語

自從儒家經籍東傳日域以後，一千多年以來，其研究此一領域之學術者，在古代係以漢唐古註爲主而其執此一方面之牛耳者爲公卿、貴族，造成日本漢文學研究的一個高峰。迄至宋代理學隨禪宗東傳，宋儒新註書就逐漸普及於其禪林，給予其漢文學研究造成另一個高峰。惟至戰國時代（一四六七～一五六七），禪宗寺院所擁有之莊園因戰國諸侯之蠶食鯨吞，失其經濟憑依後，此一宗派也逐漸式微。與之同時，禪林中竟有如藤原惺窩、林羅山似的離開佛門專事儒學研究者。於是民間之儒學研究蔚然成風而給這個學術領域帶來新的高潮。江戶時代的儒學研究雖有官學與異學之別，但他們之尊崇孔孟之教的精神則一。故此一時期的《四書》研究不但未曾稍衰，其研究成果之豐碩竟超邁前人。

新儒學雖早在南宋末年隨禪宗東傳，以五山禪林之研究爲中心而成爲中世學術之主流，惟就林泰輔《論語年譜》之紀錄觀之，在十五世紀以前，日本人士尚無《四書》方面之論著，僅有堺之浦道祐居士於一三六四年刊印正平版《論語》，至一四九九年由平武道加以翻刻付印。惟此《論語》係根據唐以前之舊帙而刻，並非宋儒新註書。又，一條兼良於一八四一年完成之《四書童子訓》雖有四書兩字，然此係教導童蒙之書，與《四書》並無多大關聯。

也許在中世時讀書人口增加，對漢籍的需求量提高，故自十四世紀開始，逐漸有人鈔寫何晏《論語集解》、皇侃《論語義疏》等。迄至十六世紀，其鈔寫《四書》者更多而俱屬《集解》本。十六世紀末，某氏曾刊行《國訓論語》十卷一冊，京都的宗甚三於一六〇九年以活字刊印《論語》十卷，這在日本出版界，讀書界是一件劃時代的大事。並且自清原秀賢於一六一四年撰《論語序說》一卷以後，日域人士所撰《四書》關係之論著便相繼出現，在江戶時代完成之此類著作不下四、五百種。由此當可推知其研究《四書》的風氣之盛。他們非僅不斷的有新的相關論著問世，而且也還先後刊印明人的新著作。就十七世紀言之，一六三六年刊行蔡清《四書蒙引》十五卷，一六五一年刊盧一誠《四書便蒙講述》三十卷、張自烈《四書大全辯》、張居正《四書直解》廿七卷。三年後刊印林希元《四書存疑》十四卷、《考異》一卷，一六六〇年刊高拱《四書門辨錄》十卷，一六六九年刊蔡清《四書圖書合考》廿四卷，翌年刊倪士毅《四書章圖大成》（又名《四書集註重訂輯釋通義大成》）卅六卷，一六八九年刊魏時應《四書故事》（又名《鄒魯故事》）五卷等。惟至十八世紀以後，幾乎不再有人刊印中國學者之相關論著，此可能由於漢籍在當時可直接由「唐船」大量進口，無須自行刊印。此事當可由前舉大庭脩教授之鉅著所錄列，有清一代進口之圖書清單獲得佐證。

【附註】

①：陳式鋭，《唯人哲學》（廈門，立人書報社，民國卅八年一月），頁一。

②：參看註一所舉書頁一。

③：同註一。

④：同註一。《中庸》〈一章〉云：「喜、怒、哀、樂之未發，謂之中，發而皆中節，謂之和。中也者，天下之大本也；和也者，天下之達道也。致中和，天地位焉，萬物育焉」。

⑤：蔣伯潛講解，朱熹集註，《廣解四書讀本》（臺北，啓明書局，出版年月不詳）〈中庸提要〉，頁一。

⑥：註五所舉書〈大學提要〉，頁一。

⑦：註五所舉書〈論語提要〉，頁一～二。

⑧：同前註書〈孟子提要〉，頁一。

⑨：此《目錄》被收錄於《續群書類從》，卷八八四，「雜部」，三四。

⑩：顏錫雄，〈《論語》的東傳及其對日本的影響〉，收錄於《中日漢籍交流史論》（杭州，杭州大學出版社，一九九二年十二月），頁五五。

⑪：森克己，《日宋貿易の研究》（東京，國立書院，昭和二十三年），頁二〇三～二〇四。

⑫：芳賀幸四郎，《中世禪林の學問および文學に關する研究》（京都，思文閣，昭和五十六年十月），頁一〇五。

⑬：義堂周信，《空華日用工夫略集》（東京，大洋社，昭和十四年四月），永德元年（一三八一）十二月二日條。

⑭：義堂周信，《空華集》，卷一六，〈心安說〉。

⑮：註一二所舉書，頁一〇七。

⑯：村菴靈彥，《村菴稿》，卷下，〈居家四本補亡書後題〉。
⑰：同註一二所與書，頁一一二。
⑱：月舟壽桂，《幻雲文集》〈綱叔字說〉。
⑲：同前註所舉書〈新甫字說〉。
⑳：岐陽方秀，《不二遺稿》，卷下，〈義海〉云：「一旦廓然躋乎眞俗不二之域，而後愍彼蠢而無知之氓，道之，齊之，使其造乎道奧，此乃馬鳴祖師以謂義有三大而在心處物者也。先儒明德、新民之要，亦不外乎此」。
㉑：《中庸》〈一章〉云：「天命之謂性，率性之謂道」。
㉒：陳式銳，《唯人哲學》，頁一～二。
㉓：中巖圓月，《中正子》〈性情篇〉。
㉔：同前註。
㉕：參看前舉芳賀幸四郎所著書，頁一一七。
㉖：義堂周信，《空華集》，卷一六，〈惟忠說〉。
㉗：仲芳圓伊，《懶室漫稿》，卷一六，〈惟忠說〉。
㉘：同註二二所舉書，頁二一。
㉙：同註二五所舉書，頁一二〇。
㉚：蘭溪道隆，〈人字說法〉。

㉛：《孟子》〈盡心章下〉。

㉜：景徐周麟，《翰林胡蘆集》，卷八，〈中岳字說〉。

㉝：南化玄興，《虛白錄》，卷三，〈一以字說〉。

㉞：《論語》〈顏淵篇〉云：「仲弓問仁。子曰：『……己所不欲，勿施於人，在邦無怨，在家無怨』」。

㉟：《孟子》〈離婁章〉，上。

㊱：寬政異學之禁，江戶幕府對朱子學以外的學派所下之禁令。一七九〇年（清乾隆五五年，寬政二年），老中（職稱）松平定信從事政治改革時的措施之一。江戶幕府成立（一六〇三）以後，雖以朱子學爲官學而加以獎勵，但在江戶中期幕藩體制發生動搖之際，其主持幕府之「學問所」的林家卻一蹶不振，而古學派，折衷學派反而興盛。在此情形之下，幕府爲加強其封建教學，乃革新其朱子學之本身，且以林家之湯島聖堂作爲官立學校而更名爲昌平黌，更以朱子學作爲登用官吏時的考試範圍。因此，並非查禁朱子學以外的學派，乃是將其視爲會導致風俗紊亂的異端之學。結果，各藩的藩學之藉此機會改授朱子學者頗多，從而收到與查禁相同的效果。

㊲：井上順理，《本邦中世までにぉける孟子受容史の研究》（東京，風間書房，昭和四十七年五月），頁一。

㊳：謝肇淛，《五雜俎》（明萬曆刊本），卷四，〈地部〉，二，「韃靼之獰獷」條。

㊴：虎關師錬，《濟北集》，卷一九，〈通衡〉之四。

㊵：同前註所舉書云：「齊宣王問孟子：『齊桓、晉文之事可得聞乎？』孟子對曰：『未聞也』。後宣王見於雪

宮。孟子引晏子語景公事告之。宣王大說。嗚呼！孟子可謂善教者矣乎，蓋孟子始見宣王，未知宣王王霸才，故先欲進王業，佯曰桓文事未聞也。孟子豈不知桓文事哉？庶或引王入王域，故曰未聞也。漸見宣王無王才，不得已，雪宮宴引晏子言教宣王，孟子之於宣王也厚矣乎，臣之思君之深未有也。夫仲尼之徒，無道桓文事，寧下景公乎？況晏子乎？然宣王之不才也不忍棄，猶引晏子言教之。然則大賢之教，救世思君者，如孟子者鮮矣，爲人師者可不爲孰軌格乎」？而認爲孟子能夠因材施教，故認爲他是一位大教育家。

㊶：空海，《文鏡秘府論》，卷六，〈敍政化恩澤〉條云：「日臨，月臨，雲行，雨施，鼓之以雷電，潤之以雲雨，油然作雲，霈然下雨，煦和氣以臨民」。

㊷：善堂周信，《空華日用工夫略集》，應安二年（一三六九）五月四日條。

㊸：夢巖祖應，《臥雲日件錄》，第三十二冊，長祿元年（一四五七）十二月五日，及康正三年（一四五七）十一月十五日條。按：日本於本年九月二十八日改元。

㊹：芳賀幸四郎，前舉書，頁一三六。

㊺：例如：季弘大叔，《蔗庵遺稿》引《孟子》〈公孫丑篇〉「夫仁，天子尊爵也，人之安危也」而作〈以仁說〉云：「孟軻氏有言：『仁，人之安宅也』。至矣哉！此言」。月舟壽桂則引《孟子》之言作〈養伯字銘〉云：「方寸間有一氣，觸之至大至剛，浩然充塞天地，日月爛增其光。仁謂仁，智謂智，短自短，長自長，孟軻氏克養得說於齊，說於梁」。

川端康成的生平與著作

一、諾貝爾文學獎得獎人

川端康成是一九六八年諾貝爾文學獎得獎人。其得獎的作品《雪國》，被譽爲「以卓越的感受性與巧妙的筆法，表現了日本人之心靈神隨」。川端的作品，此間翻譯出版的不少。他本人也曾於民國五十九年六月來臺，參加在臺北召開的第三屆亞洲作家會議。（當時《國語日報》副刊〈書和人〉第一三七期特由蔡華山、王天昌合寫〈川端康成的文學生活〉，有作品繫年及簡介。收入該刊合訂本第七冊。）但誰也沒想到，他竟於一九七二年四月十六日，在其距鎌倉住處不遠的逗子之工作場所——瑪麗娜公寓，以煤氣自絕了。他對於文學寫作之專一精誠，世所罕見，以此結束生命，實在令人長嘆。

二、幼年身世

川端於一八九九年六月二十一日，誕生在大阪市北區此花町一丁目七十九番地。他的父親名榮吉，母親名玄。但是在他兩歲，以醫爲業的父親卻因肺癆而死，第二年，母親也隨著以肺結核去世。從此以後，他就依靠祖父母爲生。他唯一的姐姐芳子，寄養在他伯母秋岡的家裏，不幸在川端十歲時也夭折了。更悲慘的是當他七歲時祖母死去，十五歲（中學三年級）時祖父也撒手人寰，直成爲無家的孤兒。其後，他寄居在舅父黑田家中，直到遷住茨木中學的宿舍爲止。他的〈十六歲的日記〉、〈葬禮的名人〉及〈故園〉等作品，便是對他的家族及幼年身世的回憶，令人讀後，無不感到他幼年生活的悽苦。

三、茨木中學時代

川端從豐川小學畢業後，以第一名進入大阪著名的茨木中學，他本來羸弱的身體才漸漸轉好。這時他最得意的功課是中國文學與日本文學。二年級時已立志成爲作家，終日埋頭讀書，並以少年文學家的姿態，向《校友會雜誌》投稿。他在其《全集》的〈後記〉裏說：從中學三、四年級起，便開始寫小說，曾於《京阪新報》發表〈給H中尉〉、〈淡雪之夜〉、〈柴色茶杯〉、〈夜來香開的傍晚〉、〈自由主義的眞諦〉、〈由綠葉之窗〉、〈給少女〉、〈永恆的行者〉等作品。他又在日記裏說：這些作品，大多是曾經投過別家雜誌而沒有被採用的。可見那時他已勤於寫作了。他的另一篇作品〈抬起老師的靈柩〉，接著爲石丸梧平主辦的《團欒》雜誌所採用。後來曾把它改寫，更名爲〈倉木老師的葬禮〉，在《國王》雜誌上發表。

川端自遷住茨木中學的宿舍以後，在他孤獨的生活中，便加深他對人生的體驗，而對人世之愛，也在這個時期萌芽，這可從他日後所寫〈少年〉中看出來。

四、一高時代

當川端即將結束中學課程時，他的老師雖一再要他投考師範，他卻很固執的要投考第一高等學校①。結果，茨木中學報考一高的十人當中，被錄取的卻僅有他一人。

他就讀第一高等學校時，交結了許多文友；這影響他後來的成就極大。更由於當時青春的迷惘，而有淺草的漫遊，與伊豆的旅行，使他的情感受了激盪，變得豐富充沛，以鼓舞其創作；所以他的文學成就，實萌芽於此時。川端在他的〈湯島的回憶〉中敍述他當時的心境說：

當我二十歲時，曾與巡迴藝人一同旅行五六天，變得情感很純眞。離別時，竟淌下眼淚。這不只是對舞孃的感傷而已……。自幼不能過正常的生活，在不自然的環境中長大的我，便因此產生自卑感；把自己的心，用小殼子封閉起來，並深以此爲苦。……因這次旅行，才知人家對我這麼好，所以倍覺感激了。

五、東大時代

川端結束第一高等學校的課程後，進入東京帝國大學英文科（時爲一九二〇年），第二年轉入日本文學科。一進東京帝大，就與同班同學石濱金作、酒井眞人、鈴木彥次郎及校外朋友今東光籌辦「同人雜誌」②，往訪名作家菊池寬（一八八八～一九四八）。並得菊池的允許，襲用《新思潮》之名，於一九二一年二月創刊第六次《新思潮》雜誌。(按:《新思潮》雜誌是小山內薰於一九〇七年創辦的,後來以東京帝國大學的學生爲中心,斷斷續續地發行過。第二次由谷崎順一郎(一八八六~一九六五)和過哲郎等人接辦。第三、四次由菊池寬、芥川龍之介(一八九二~一九二七)等人主辦過。依照當時規矩,要接辦雜誌,必須先向前創辦人徵求同意。)並於該雜誌的第二號發表〈招魂祭一景〉,獲菊池的賞識,受日本文壇的注目。在這個時期,他曾愛上了小學工友的女兒伊藤初代,且已發展到談論嫁娶的地步,但被女方拒絕了。這使川端受到很大的打擊。他曾以此爲題材,寫出〈南方之火〉等一系列的〈千代〉(即伊藤初代)作。

六、川端所喜愛的女人類型

川端所喜愛的,是出身可憐而有如野菊那樣的女人。他說:「能眞正令人喜歡的,那只有女人了。」他在其《雪國》裏又說:

順便告訴您,我喜歡怎樣的女孩吧!在和祥的家庭裏長大的少女,雖令我羨慕,看來使人感激流淚,卻不想愛她。也許在我的眼光裏,她是一個外國人吧!至於能夠吸引我的,就是在不幸的環境中長大,而不願承認自己是不幸的那種人。她雖戰勝不幸,卻又因而面臨今後無限的坎坷命運。然她的好勝心卻使得她不怕一切。這樣不但使這種女孩能回到童年的心情,也使自己能回到童年的心情,這就是我的戀愛吧!因此,我所喜愛的是介於小孩與大人之間的異性。若

是已經成熟的女人，那我當不會對她有深切愛情的。〈給父母的信〉

七、從事新文學運動

一九二三年一月，菊池寬創刊《文藝春秋》雜誌，從第二號開始，川端便與創辦第六次《新思潮》雜誌的伙伴同被聘爲該雜誌的編輯委員。一九二四年，當川端結束大學課程後，同年十月，便與片岡鐵兵、今東光、橫光利一（一八九八～一九四七）等籌辦《文藝時代》雜誌，從事新文學運動。他們的新文學，千葉龜雄曾把它命名爲「新感覺派」。川端從創辦該雜誌後，即以此作爲他新感覺派的據點，與橫光利一並稱於世。他的名著〈伊豆的舞孃〉，就是一九二六年一月發表在這個雜誌上的。這篇小說，是川端就讀第一高等學校時，前往伊豆旅行所獲得的體驗，表現孤兒的自卑感，被一個純情的舞孃影響而淨化，並以伊豆綺麗的風物爲背景而寫成的，所以頗有橫絕千古的抒情文學之概。也由這篇著作，他便躍登日本的文壇。在這個時期，他又寫出〈千代〉、〈湯島的回憶〉、〈篝火〉等許多短篇小說，使文學的近代派充滿新奇的魅力。他的處女短篇集《感情的裝飾》（一九二九年，金星堂刊），其文精美，因而曾獲得「以剃刀刀刃所作的花」的評語。舉凡純愛、心靈、輪迴、轉生等所引起的瑰麗世界，都出現在他的聯想的思潮中。

八、川端的處女作

談到川端的處女作，眞可謂「衆說紛紜，莫衷一是」。如以最早發表的而言，該是一九一九年在第一高等學校《校友會雜誌》發表的〈千代〉。如以最先被他的前輩作家賞識的作品而言，那就該推一九二一年在第六次《新思潮》第二號發表的〈招魂祭一景〉。如以最先完成的作品來說，便應舉出一九二五年在《文藝春秋》發表的〈十七歲的日記〉。這篇作品後來與〈續十七歲的日記〉合併，更名爲〈十六歲的日記〉。這是他將自己在十四五歲看護臥病在床的老祖父時所寫的日記，加以潤色後發表的。所以如果把它當作處女作，頗有相當意義。〈伊豆的舞孃〉跟上述作品比起來，則無論撰寫或發表的年分，都要晚得多，與其說它是處女作，不如說它是成名之作。他於新潮社刊行他十六卷本《全集》（一九四八～五四年）的〈後記〉中曾說：

> 我不知該把哪一部作品當作我的處女作。〈十六歲的日記〉、〈招魂祭一景〉、〈油〉、〈伊豆的舞孃〉等，都可當作處女作。但也可把《全集》的第一冊和第二冊的若干篇，視爲處女作時代。

川端爲甚麼把〈伊豆的舞孃〉當他的處女作呢？是否因〈湯島的回憶〉是根據一九一八年伊豆旅行所獲的體驗而寫出的關係呢？據川端的日記說：〈湯島的回憶〉是在一九二二年於湯島的「湯本館」撰寫的，共四萬餘字；其中，從開始至一萬七千字前後，係描寫與巡迴藝人一起爬越「天城峠」的回憶，即後來改寫的〈伊豆的舞孃〉；後半就是當我讀茨木中學擔任學校宿舍舍長時，與同寢室的低年級同學清野少年之間的純潔的同性戀之回憶，後來曾把它改寫成〈少年〉；至於原文——〈湯島的回憶〉，就把它燒掉了。

川端旅行伊豆後不久，曾因對伊藤初代的失戀，給他留下永難磨滅的創痕，乃以它作題材寫出〈南方之火〉、〈篝火〉、〈非常〉、〈她的盛裝〉、〈暴力團的一夜〉、〈海的火祭〉一類的作品；而這一類作品的結晶，就是《伊豆的舞孃》，所以他才有意把它當處女作吧！他曾說：「對作家而言，處女作是個不可思議的東西。」又說：「無論哪一個作家，好像處女作就是他的傑作，而且一輩子離不開它。」並說：「處女作不是用寫的，而是證明自己活到現在的東西。」更說：「所謂傑出的作家，該是把處女作保持長久的人！」川端雖然經常改寫他已經發表過的作品，卻說只有《伊豆的舞孃》無法改寫。這是否表示他深愛這部書，或者愛惜不再回來的青春呢？因此有人說《伊豆的舞孃》不但是他的「青春之書」，也是日本文學的「青春之書」啊！

九、淺草時代

一九一七年，川端前往東京時已經十九歲。到東京後，便著迷於剛揭開燦爛序幕的「淺草歌劇」。不幸的是一九二三年東京一帶發生大地震③，歌劇便走上了沒落之路。但是「卡吉諾·佛利」戲劇，一九二九年卻在「淺草水族館」興起來了。同年末，因川端在報紙上發表連載小說〈淺草紅團〉，使卡吉諾·佛利風行一時。當時川端年僅三十一歲。後來曾完成了許多以淺草爲主題的作品。作家北條誠說：

在淺草派作家裏，川端的文章與文體都頗符新感覺派的作風，而流露其才華。如果沒有「淺草紅團」，當不致有年輕作家聚集淺草，產生如武田麟太郎、高見順等人的淺草作品！可見川端影響力之一斑。

十、「禽獸」時代

一九三一年至一九三四年，川端居住於上野附近。在〈禽獸〉、〈我的狗〉等作品中，流露出他對狗或小鳥等動物的愛，並反映出他當時的生活。更由他受傑姆士·瑞斯的影響所寫成的〈水晶幻想〉，以及表示他對心靈關心的〈抒情歌〉、〈慰靈歌〉等作品中，可以窺見他這個時期異常活躍，而且生活是多彩多姿的。

十一、名著創作的過程

1. 雪國

一九三五年一月，川端把他所寫的〈夕景之鏡〉發表在《文藝春秋》雜誌上，這部作品，後來竟發展成為《雪國》。這非但讀者們夢想不到，就是當時三十六歲的川端本人，也是始料不及的。他在新潮社十六卷本《全集》〈後記〉中提起此事說：

我原打算為《文藝春秋》昭和十年（一九三五）一月號撰寫一萬六千字上下的短篇。在那短篇中，本可以把所有的材料用完；但因到了截稿日期也未能完成，乃決定繼續寫下去，而把它投寄給同月出版而截稿日期稍晚的《改造》雜誌。由於處理本題材的日子增加，便有餘情留下來繼續寫。結果便成爲與當初不同的東西。在我的作品中，經過這種情形完成的不少。

然而他在《改造》雜誌上發表的，並未使用〈夕景之鏡〉的題目，卻改用〈白色早晨的鏡子〉。他在上面所引的〈後記〉中又說：

爲撰寫在《文藝春秋》與《改造》發表的東西——《雪國》的開頭部分，我就前往溫泉旅舍。在那兒遇到駒子，因此可以說，當我寫開頭部分時，後面的材料已逐漸出現。也可以說，當寫開頭部分時，後面的材料還沒產生。

茲依發表先後，將《雪國》的原始作品列舉如下：

(1)夕景之鏡	文藝春秋	一九三五年一月
(2)白色早晨的鏡子	改造	一九三五年一月
(3)故事	日本評論	一九三五年十一月
(4)徒勞	日本評論	一九三五年十二月
(5)萱之花	中央公論	一九三六年八月
(6)火之枕	文藝春秋	一九三六年十月
(7)手毬歌	改造	一九三七年五月

起初，川端除將上述各篇加以刪改、潤色外，又另加一部分「新稿」，便命名爲《雪國》，於一九三七年六月，由創元社出版。川端雖以此獲得第三屆「文藝懇話會獎」，（按：「文藝懇話會」成立於一九三四年一月，係川端參加之一文學團體。）可是尚非今天「雪國」的完本。經過三年半後，他才執筆寫下面幾篇的。其內容是：

(8)雪中火災	中央公論	一九四〇年十二月
(9)天河	文藝春秋	一九四一年八月
(10)雪國抄	曉鐘	一九四六年五月
(11)續雪國	小說新潮	一九四七年十月

直到一九四八年八月，好不容易才將完整的《雪國》出版（創元社）。這次刊行，仍將原作不少的地方加以刪改、潤色。

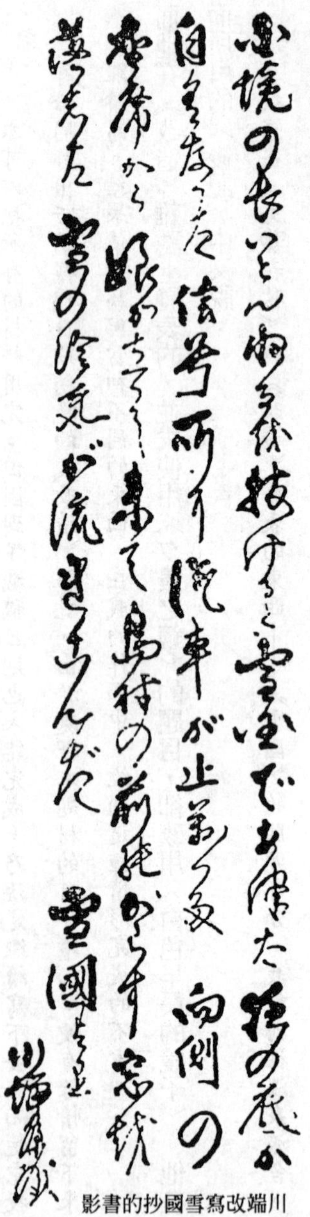

川端改寫雪國抄的書影

這部歷經十三年九個月才完成的《雪國》，在川端自身認爲好像只是告一個段落，不是完全「終了」。當他以此獲得諾貝爾文學獎之後，曾再三向作家北條誠表示：「我還想繼續寫下去」！結果，他竟奮起生命的餘力，把已經被世界各國譯成數十種語文，受到無數稱讚的作品加以濃縮，而以毛筆改寫成《雪國抄》二冊。可見一個大文豪的律己，是如何的嚴謹，對工作的態度，是如何的認眞。

2. 名人

《名人》是川端爲《東京日日新聞》撰寫日本圍棋界不敗名人本因坊秀哉的作品，更是爲本因坊秀哉自一九三八年至三九年之間，與木谷實七段下退休圍棋賽作了〈觀戰記〉後寫成的。因他在棋賽期間，始終接近他們，所以便能夠離開現實的勝負問題，體會到「名人的地位」，及被稱爲「名人」的人物之心靈深處的東西，以表現自己之宿命論的傑作。川端雖曾說已經把該寫的都已寫完了，而與《伊豆的舞孃》一樣，成爲自認已完成的少數作品之一。然而在完成它以前，也跟《雪國》一樣，曾歷盡滄桑。

《名人》內容共分十章，如下：第一章，〈本因坊之死〉。第二章，〈下完退休圍棋後〉。第三章，〈下完棋之後的感慨〉。第四章，〈在芝的紅葉館下棋的情形〉。第五章，〈名人從聖路加醫院出院後再下棋的情形〉。第六章，〈再談名人之死〉。第七章，〈下第一盤棋時〉。第八章，〈名人逝世時的故事〉。第九章，〈棋賽開始以後〉。第十章，〈棋賽的第二天〉……。他的這種寫法雖忽視了結構的謹嚴，卻又令人感到有一種不可思議的調和在裏面。所以當我們讀本書時，便在不知不覺中沈浸在與作者同樣的感懷裏。（按：一九四四年，川端以〈故園〉、〈夕陽〉（《名人》續篇）獲「菊池寬獎」，該獎係為紀念文豪菊池寬而設的。）

3. 千羽鶴與山之音

《千羽鶴》（一九四九～五一），與《山之音》（一九四九～五四）的寫作過程跟《雪國》、《名人》一樣，是幾經改寫的。這兩部作品，是他傾聽自然與人類心靈深處永遠作響的聲音，而用美妙傳奇之筆寫出的傑出小說。川端是一位描寫女性的聖手（除《名人》外幾乎不寫男人事）。他在這兩部長篇小說中，將女性的悲哀與美麗都表露無遺。所以我們可從其中發現他對美人之憧憬。《千羽鶴》的分刊情形如次：

(1)千羽鶴	時事讀物別冊	一九四九年五月
(2)森林的夕陽	別冊文藝春秋	一九四九年八月
(3)圖志野	小說公園	一九五〇年一月
(4)母親的口紅	小說公園	一九五〇年十二月
(5)續母親的口紅	小說公園	一九五〇年十二月
(6)二重星	別冊文藝春秋	一九五一年十月

以上為《千羽鶴》的前篇。它曾經被日本藝術院選為昭和二十六年度（一九五一）的「藝術院獎」代表作。然而在第二年由東京筑摩書房出版的單行本中，卻未收錄〈二重星〉。不久，下面的後篇也完

成了。

(7)波千鳥　小說新潮　一九五三年四月
(8)旅行的別離　小說新潮　一九五三年五月
(9)父親的街上　小說新潮　一九五三年六月
(10)荒城之月　小說新潮　一九五三年九月
(11)新家庭　小說新潮　一九五三年十月
(12)波浪之間　小說新潮　一九五三年十二月

關於〈千羽鶴〉的名稱來源，川端在其《全集》的〈後記〉裏說：

只因我在圓覺寺（在鎌倉，創建於一二八二年，開山爲宋僧無學祖元（一二二六～八六），係鎌倉五山之一）內，看見兩位小姐要去參加茶會，便在無意中寫出來的。至於她們之中的一位是否手持染有千羽鶴之圖案的布包袱，則已記不清了。

當川端接受「藝術院獎」時，曾在頒獎會場對日皇說：

因小說中的一位小姐手持染有千羽鶴圖案的布包袱，所以就把這篇小說命名爲〈千羽鶴〉了。自古以來，日本的藝術工藝或服飾中，常喜歡用這種花紋或圖案，這可說是日本之美的一個象徵！我的作品雖常被批評具有日本風格，但在我的心靈深處，也憧憬著能在早晨或黃昏的天空中，看見千羽鶴翱翔。

也許「諾貝爾財團」以千羽鶴象徵日本，所以諾貝爾文學獎的獎狀之一邊的裝潢就是千羽鶴的圖案。因此有許多人認爲《千羽鶴》就是他得諾貝爾獎的作品。在川端生前，每當提起此事時，他總是以苦笑了之。（北條誠〈川端康成的文學舞臺〉）

《山之音》則於一九五四年獲得「野間文藝獎」。（該獎係爲紀念大出版家野間清治（一八七八～一九三八）而由日本的大出版社所設，具有很高的地位。）在此前一年，他被選爲日本的藝術院會員。

十二、追求日本的傳統之美

在日本的許多作家中，實在找不到第二個像川端那樣始終以表現「日本的傳統之美」爲職志的。從第六次《新思潮》時代開始，他便與横光利一同爲「昭和文學之旗手」，從事新感覺派的文學運動，而經大衆文學的全盛時代也不變更。可見他始終不爲時代所左右，能朝向自己的理想邁進。所以在第二次世界大戰熾烈時期，也能以超然的態度，專心於自己的藝術而寫出〈故園〉、〈名人〉等作品。

第二次世界大戰後，日本文壇充滿著蓬勃朝氣，而川端卻沈浸於戰敗的悲哀中。曾謂：「戰敗後的我，只有回到日本自古以來的悲哀中而已」。此語見於當時寫成的集子《哀愁》中。

十三、揚名國際、渴望和平

一九四八年，川端四十九歲時，被選為日本筆會會長，一直連任了十七年，到一九六五年為止。一九五七年，五十八歲時，他以日本筆會會長身分，籌備召開第二十九屆國際筆會大會，為促進國際文化交流，及介紹日本文學於國際而努力。第二年再度獲「菊池寬獎」。一九五九年五月，當他前往西德法蘭克福參加第三十屆國際筆會大會時，除接受「歌德獎」外，又被推選為該會的副會長之一。一九六〇年五月，川端接受美國國務院的邀請赴美。同年七月，又參加在巴西的里約熱內盧、聖保羅召開的第三十一屆國際筆會大會。法國政府更在同年頒給他「藝術文化歐非殊勳章」。可見他在獲得諾貝爾文學獎以前，早已名聞國際了。一九六一年，以《睡眠的美女》一書獲得「每日文化獎」。該獎係於一九四七年，由「每日新聞社」所設，每年頒獎一次，給該年度日本全國最傑出的出版品。一九六一年他並發表了〈古都〉，接受日本政府頒發的「文化勳章」。

一九六二年，川端曾參加「世界和平七人委員會」等社會活動。當中國大陸於一九六七年發動「文化大革命」時，川端曾與已故作家三島由紀夫（本名平岡公威）等，為維護東方文化的傳統而發表反對聲明。並曾先後數度成為和平聲明的首倡者。

十四、創辦「日本近代文學館」

一九六三年四月，川端曾以重要份子身分參加開辦「日本近代文學館」，並於一九七一年擔任該館名譽館長。日本近代文學館係蒐集並保存明治（一八六七～一九一二）維新以後的文學綜合性資料中心。他對該館的貢獻很大。

十五、熱心幫助友人競選公職

一九六八年，當日本改選參議院議員時，川端竟主動為其好友今東光擔任「選舉事務所所長」而轟動一時。兩年後，於改選東京都「都知事」時，他又為自民黨候選人前日本警視總監秦野章助選，且在東京的街頭巷尾發表助選演說，並與秦野並肩作競選遊行，因此驚動了日本朝野人士，並傳為美談。

十六、前往海外講學與演說

一九六九年三月，川端前往夏威夷大學講授日本文學，是以「美的存在與發現」作為專題。六月，由夏大授與名譽文學博士學位。一年後，除來臺參加亞洲作家會議外，又前往漢城參加第三十八屆國際筆會大會，並用「以文會友」為題，在漢陽大學發表演說，及接受該大學頒贈的名譽文學博士。

十七、川端文學的生死觀

川端既是文學的能手，又有能耐參加政治及社會活動，有多方面的興趣，為甚麼要走上自殺之路？關於他的自殺原因，言人人殊，莫衷一是。文藝評論家山本健吉說：

從開始起，川端先生從未寫過悲哀以外的東西。……當我聽到他自殺的消息時，就覺得接受諾貝爾文學獎是川端先生最大的不幸。因爲他自得此獎以後，就幾乎沒有創作了。也許他在獲得文學家的最高榮譽後，內心感到莫大的空虛吧！（當川端獲知得獎消息的晚上，曾有詩句云：「清秋曠野藏深靜，只聽鈴聲不見人。」從這詩句中可窺見他對自己的成就達到登峯造極時，內心感到困惑與寂靜。）作家生存的意義，在於經常充滿創造慾。如果創造的泉源枯涸，就像失去生存的意義。雖然也有像志賀直哉那種作家，在後半生幾乎沒有值得一提的創作，但這是個性使然。因志賀珍惜現實的生活，而川端先生卻爲藝術而寧可糟塌生活，他之所以常使用多量的安眠藥，就是一個最好的例子。最近幾年，他幾乎沒有創作，我以爲這是川端先生的生存欲望之減退。（朝日新聞）

山本的這些評語，是否很中肯？川端本人的生死觀又如何？

川端是經常接近死亡的。少年時，因常參加親人的喪禮而熟悉各種喪葬儀式，所以曾被稱爲「葬禮的名人」。後來，每當親友或前輩逝世時，也時常爲他們籌辦喪事，在他所寫的輓辭或追悼記裏，則無不流露出眞切的感情。〈山之音〉的題材，是由後山傳來的響聲預感死亡；〈睡眠的美女〉，是摟抱美女的老人，眼看著美女死去的可怕的作品。而他晚年的寫作，則更常以死亡爲主題。從下面所舉若干則，則可看出在他作品裏的「生死觀」了。

○像正岡子規那樣正與死亡搏鬥時，仍爲藝術而奮鬥；這雖是傑出的藝術家常有的行爲，但我不想學他。如果病入膏肓而無藥可救，當把文學忘得一乾二淨的。（〈末期的眼〉一九三三年）

○我之所以厭惡自殺，就是爲想死而死，如果我這麼寫，那該是假話。因我從未與死見過面的。（同上）

○像芥川（龍之介）那樣的人物……。爲甚麼要留下〈給老友的手記〉那樣的遺書呢？這使我感到有點意外。我以爲那封遺書，是芥川自殺的一個污點。（同上）

○雖覺得他是個不致於死的人，一旦死後，還是感到他仍然要死。一個傑出的藝術家之在他的作品中預告自己將死之事，卻異常的多。（同上）

○如果仔細考慮死亡問題時，結果還是以病死爲最好。即使非常厭惡現世而想脫離現世，自殺畢竟不是悟道應有的形式。（同上）

○當回溯他們三人（三人是片岡鐵兵、島木健作及武田麟太郎）逝世前夕的行徑時，其行爲之異乎尋常，是無庸置疑的。他們的死，既像被他們趕上死亡道路，或自致死亡，也像被死亡吸引住而死的。（〈武田麟太郎與島木健作〉一九四六年）

○我討厭能看到死亡近因的死，然死這種東西，也可認爲那個人的整個人生。（同上）

○如果死者從未寫自己的事，那麼，我就會迷惑於自己之是否應該爲死者寫點東西。（同上）

○這些作家的死，令我垂頭喪氣。如今我已失去只要自己從事好的工作即可的心情了。如果同時代的好作家不活下去，則更難獲得使自己處在孤獨的地位。（同上）

○當我回鎌倉以後，聽說有人曾打電話通知十一谷先生已經去世了。……。無論是牧野信一郎先生，或梶井基次郎先生，或嘉村磯多先生，當看見文學家早死時，就感覺好像無法用友誼來挽住其死似的。然這是否只有在文學家之間才能成立的，特殊的理解所產生的嘮叨，而別人無法從旁給與作用？也許他的文學之特性所選擇的生存方法，引導他走向這樣的死亡之路吧！可是身體這麼羸弱的我，也仍苟延殘喘著，爲甚麼今日傑出的文學家，卻只因胸部有毛病就先後死去？眞令人感到遺憾。………（〈十一谷義三郎〉，《中央公論》一九三七年五月號）

○您該能瞭解當您離開人世以後，我內心的寂寞吧！當我最後一次跟您見面，而遇見您那正徬徨於死亡之際的眼光時，感到無限的親切。在我有生之年，是否能再遇到這種眼神呢？正值迎接能夠體會寂寞的年齡時，好像最寂寞之事也接踵而來。隨着多年的老朋友之相繼去世，自己的生命也將步其後塵了。但對它卻感到無可奈何，這究竟是怎麼一回事啊？………（〈弔橫光利一〉，《人間》，一九四八年二月號）

○無論自殺也好，過失致死也好，無論瑪麗蓮夢露是個女演員也好，或是個活了三十六歲的女人也好，我想她已活得相當苦悶了。如果要自殺，該是沒有遺書比較好些。無言之死，就是無言的話。裸著身體死，也未嘗不可啊！（〈自誇十語〉）

○元月九日，越野賽跑的圓谷幸吉（二十七歲）在東京練馬的陸上自衛隊體育學校宿舍裏，割斷頸部動脈自殺了。他留下兩封遺書，一封給家族，一封給體育學校的長官。我在報上讀過它們。其中給家族的一封令我深感肺腑。………。我們都知道東西兩洋的文學家自殺後留下來的若干遺書，它們莫不使我們深受感動。圓谷選手的遺書跟它們比起來，是一封非常確實的東西。一般人在遺書中，往往有意識的或無意識的留下臭味、惡感、誇張、虛偽，或否定自己、肯定自己，以及為自己辯護的。但圓谷選手的遺書裏，卻絲毫看不出這種跡象，一直是很直率而清潔的。（〈伊豆的舞孃〉之作者，一九六七年五月～一九六八年十一月）

十八、日本作家的自殺傳統

日本的作家有自殺的傳統。單就明治維新以後自殺的名作家而言，便有北村透谷（一八九三）、川上眉山（一九〇八）、有島武郎（一九二三）、芥川龍之介（一九二七）、牧野信一（一九三六）、太宰治（一九四七）、田中英光（一九四九）、原民喜（一九五一）、加藤道夫（一九五三）、久保榮（一九五八）、火野葦平（一九六〇）及三島由紀夫（一九七〇）等。我以為川端之死，除他的生活、文學時常與死亡為鄰外，山本健吉所謂因獲諾貝爾獎後給他帶來的心靈空虛，固然是主因之一，但經他一手栽培提拔的三島由紀夫之先他而死，也未嘗不是使他的感情發生激烈震盪，以致走上自殺之路的原因。至於未給親友留下片紙隻字，就如他自己所說「要自殺，該是沒有遺書比較好些」吧！

在川端自殺後不久，日本政府曾頒「勳一等旭日大綬章」給他，這是頒給在野人士的最高勳章。

森田明與其《清代水利社會史研究》

一、前言

當要從事中國之政治、社會、經濟各方面的歷史研究時，中國水利史研究之成為極其重要而且有效之途徑，乃為衆所周知之事。學者們不僅從事由黃河、長江或大運河所代表河川之治水、漕運，以及各地之農業水利與夫灌溉等問題的探討，也還將其研究範圍愈益擴大，而近年則及於環境問題和都市水利方面。（按：四川省成都市四川聯合大學曾自一九九五年四月十日起至十四日止，舉行為期五天的「中國城市水利問題——歷史與現狀國際學術討論會」）

水利灌溉、治水等事業無法單獨實施，它們必須與歷史的自然環境，社會經濟方面的問題密切配合，方能進行，因此可說，透過中國水利史之個別研究，方纔有可能將各時代的政治、社會、經濟等各層面，或中國社會之歷史的特質加以闡明。因此，我們實可將水利史研究定位為綜合中國社會經濟史研究不可或缺之一環。（以上見森田明《清代水利社會史研究》，中譯本〈序〉）

基於上述觀點，日本的中國水利史研究之泰斗森田明博士，他曾於一九七四年撰著《清代水利史研究》（東京，亞紀書房）。此一鉅著主要在探討華中、華南（含臺灣）各地的水利組織之地域性形態，並探究那些作爲水利組織之結構與其基本特性。（森田明，《清代水利社會史研究》，中譯本〈序〉）。

森田明教授於出版上舉大作之後，復於一九九〇年一月，使其《清代水利社會史研究》問世，本書共分兩大部分：第一部〈華中水利面面觀〉，乃是將環繞於水利而形成之地域社會的各種問題，與政治、社會、經濟等發生關聯，從而作所謂水利社會之歷史的探討。故與探討那些作爲水利組織之結構與其基本特性之一般論著有別。第二部〈華北治水灌漑的各種問題〉，則係將未成爲《清代水利史研究》之地域對象的華北之水利組織，作地域性的、特性的闡明之補遺。並於卷末附〈救生船〉、〈清代水手結社的特性〉兩篇什，以爲〈附篇〉。本書由東京，國書刊行會刊行。全書共四一九頁，索引六頁，凡四十萬言。售價日幣一萬圓。中文本爲鄭樑生所譯，已於民國八十五年九月由國立編譯館發行。

二、華中水利面面觀

森田明博士，是當今日本研究中國水利史的傑出學者之一，一九二九年十月十五日誕生於奈良市。一九四六年三月，畢業於奈良縣立郡山中學校。中學畢業後，負笈廣島高等師範學校文學部第三部，接受師範教育，一九五〇年季春修完該校課程。同年四月，進廣島文理科大學史學科，研究東洋史學，先後攻讀大學部及研究所之中國史課程至五十八年三月。其間，曾自五十三年四月至六十四年三月，在廣島廣高等學校擔任教職。後來則先後在九州產業大學商學部，福岡大學人文學部，及在大阪市立大學文學部教授中國史學等課程，並兼大阪市立大學評議員、文學部長等職務，且曾分別在福岡教育大學、西日本短期大學、中村學園大學、九州產業大學、廣島大學、岡山大學、皇學館大學等校兼過課。

一九九二年三月，自大阪市立大學退休。因平日在學術、行政等各方面的表現優異，故退休時該校特頒予名譽教授之榮銜，退休後則至九州產業大學國際文化學部任教，並擔任該學部部長以迄於今。

森田教授對中國史學的造詣頗深，對中國水利史尤有獨到之研究，故廣島大學曾於一九七〇年五月授與文學博士學位。從一九八五年三月二十日起，至同年八月十三日止，他以大阪市立大學在外研究員身分，至臺北中央研究院民族學研究所從事學術研究。其主要著作，除前舉者外，尚編纂《中國水利史研究》（東京，國書刊行會，一九九五年三月），並曾與他人合譯《中國之科學與文明》，第一冊（東京，思索社，一九七九年七月），及撰著〈清代臺灣における鹿港鎮の交易機能〉、〈清代の奏摺政治と驛遞制——福建の「千里馬」制を中心として——〉，〈吳錦堂と杜湖・白洋湖の水利事業〉等有關中國水利的論文六十餘篇，及書評、研究報告等近二十篇。（有關森田明教授之簡歷、著作等，請參看：大阪市立大學文學部，《人文研究》，第四十四卷第十二分冊所附：〈森田明名譽教授略歷・著作目錄〉）。

茲將《清代水利社會史研究》之內容分別敘述如下：

1.明末的浙東水利

森田明博士以為：如從水利形態來看中國的基本經濟地區，則它係從唐代以前，以關中為中心之華北的「渠灌溉」轉移到江淮地區的「陂塘灌溉」，宋代以後則進一步的開展成為江南三角洲地帶之「運河灌溉」。這種開展，乃為衆所周知之事實。江南之集約的水田農業至明、清時代，其在經濟上的重要性更為增加。就這種意義上言，明、清時代的水利史研究之以江南三角洲為對象獲得集中性成果，乃理所當然之事。惟在江南，也與所謂浙西之圍田地區相對的，不太重視浙東之山麓地帶，或丘陵高田地區的水利灌溉問題之研究，而此一事實實難加以否認。自唐末，宋初以後，浙西的圍田地區被當作新田加以開發。與此相對的，浙東地區則是早在後漢、東晉以後至唐代之間就已開發的舊田地帶。

浙東地帶的水利之特色，係以自後漢以後至宋代之間所開鑿大小數目繁多之陂、塘、湖等所謂溜池成為它們不可或缺之陂塘灌溉。浙東的丘陵、高地，則有許多中小規模的溪流成為它的水源，且在山地與平地的銜接處附近分散著許多陂塘，提供其周圍流域之用水云。如從整體來看中國水利應走之方向，則運河灌溉固然重要，但如從其他地區的比重言之，我們實應注意陂塘灌概研究的重要性。

基於上述，森田明教授在本章乃以明末的浙江紹興府諸暨地方為中心，探討其水利狀況與因水利而衍生之各種社會問題，從而欲使其成為這種陂塘灌溉研究之線索。本章所引用之主要史料為華學烈編，清同治五年（一八六六）重刊之《經野規略全書》。

諸暨地方的生產，可析爲高田與湖田（山田與低田）兩種。高田原本收穫不豐，即使無法獲得水利，也有山地之特產。惟當地的生產之大半都倚靠湖田，故一旦因水澇而湖田被淹沒，則不僅生產無望，其居於低處的人們之生活，就會蒙受極大災害。爲防低田地區之因河水暴漲，氾濫成災，乃在江邊築圩——堤防，使之成湖，貯蓄所溢之水。因此，這些人工湖泊既是防範氾濫之蓄水湖，也是用以調節水量的安全措施。森田以爲其爲調節水量而構築之湖泊共有七十二，它們與其說是以人工開鑿，無寧言是在原本分散於浣江流域之許多隨著季節而貯水，涸淺之自然浦湖——遊池構築捍水用隄防，以爲貯水湖者。

森田復以爲諸暨地方所見多數湖泊之蓄水、灌溉兩種功能，都因在明末萬曆年間（一五七三～一六一九）受到豪強之侵佔而強將其湖田化的結果，遭受莫大阻礙。爲對應此一問題，朝廷方面便提出以實施丈量的方式，來維護、確保湖蕩問題。另一方面，地方政府則被要求排除豪奸等之私人利益，以恢復瀕臨危機之既成的，以農民之利用、收益爲主之共同體的水利秩序，及恢復水利之功能與設施，並予以加強管理，而這些便成爲當務之急。

當諸暨地方面臨水利上之各種問題時，知縣劉光復爲解決當地民衆之疾苦而不遺餘力。劉知縣首先實地調查縣內的水利狀況，並根據調查結果籌劃疏通江流，從而從事鑿渠、修閘、培埂等各項工程以調節旱澇，故水患因而大爲減少。

劉知縣除致力將已損毀或瀕臨荒廢的水利設施加以復舊、修築外，復將諸暨地方的水利之實際情況作詳細的檢討，然後將其管理、營運的規範整理成爲《經野規略》一書，在萬曆三十一年予以刊行。本書不僅在明末，就是在整個清代（一六四四～一九一一），也都成爲「暨邑之治譜」，或湖民之「成規」，長久爲大家所遵奉。《經野規略》分上、正、下三卷。上卷主要記載整個水利規章，正卷收錄有關各湖之個別的申文或湖記、埂記等，下卷則紀錄各湖埂之丈尺與田畝之分段數。

森田更透過由劉光復所制訂之「水利規定」的檢討，以闡明維持水利秩序與水利設施之管理，營運之重編、加強方式，與其目標。據森田的研究，劉光復曾制訂「湖田事宜」十一條，其內容可分爲技術上、組織上、行政上三方面的管理。森田說，通觀各種規定而值得注意的，就是企圖改革明末以前因水利的慣例秩序之鬆懈所造成的矛盾現象。換言之，就是爲對應豪強所造成原有管理體制之受到損害及發生危機，而企圖恢復原有秩序，並加強管理以恢復其功能。值得我們注意的就是：水利的營運原在共同體的，自主的規範下進行，如今則官方的公權力介人其中而透過法律上的規範，以謀解決矛盾和重編其管理體制，並且企圖將前此以各湖爲單位，作個別管理者，改爲全縣的，統一的地域性體制。

2. 明末清初的練湖之盜湖問題

森田明教授說：江南的許多湖水史，被作爲中國水利史研究之一環而成爲研究對象，並且已有對鑑湖、太湖、西湖、湘湖、廣德湖、澱湖等所進行之研究獲得某種程度的成就，對這些湖泊所爲歷史的研究之視野雖未必相同，卻可大別為二，其一是有關各該湖泊之湖水所具有之功效與其管理問題者，其二則是與各該湖泊之湖田化，亦即與盜湖有關者。

就本章所考察之練湖而言，森田認為雖已有若干專論問世，但幾乎都從前者的視野來探討，對後者則僅言其一部分，因此，以盜湖——非法的湖田化問題作為全面性探討對象者則絕無僅有，因練湖在功能上有其重要性，所以自古以來即被賦予「官湖」的性格，在管理上給予特別的關照。由於它與作為國家事業的漕運有密切關係，故盜湖非僅事關利用該湖水的農田（民）之地域性問題，而且也不得不成為政治上的問題。有關練湖之盜湖現象雖從唐宋時代開始就已顯著，然就這種意義上言，在元代確立「南糧北調」體制以後，尤其在明清時代難免受到嚴重影響。因此，我們似乎不能將明清時期的盜湖問題，視為僅是宋代發生的現象之延續。

基於上述，森田在本章所探討的時段侷限於明末清初，一方面以廢湖派的動向為中心，來考察練湖之盜湖過程，另一方面則檢討復湖派的對應與官方之態度，從而透過由此所見之各種問題，來接近闡明近來愈益加深著的明末清初之歷史特性，以作為研究此一方面之問題的側面基礎作業。即本章是從中國社會之改革期的「明末清初」之固有歷史時代背景的關聯上，來探討練湖的盜湖問題之政治的、社會經濟的意義。

自宋代起至清代止，有關水利的禁則與罰則，向來都被認為是國家的規定而「歷代盜決侵耕之令甚嚴，犯者比罪殺人」，但此種法令的功效似乎不彰，就練湖而言，其情形亦復如此。自唐至明，曾三申五令湖禁，尤其明「弘治、嘉靖間，更嚴禁豪民侵佃，至有將其置之重典者」。迄至明末崇禎年間與清初，因勢豪之家的侵佔而練湖之水利設施愈益毀損，功能日益減低，故國家——漕運與農民——灌溉所蒙受之災情擴大，致其兩者之間的矛盾日益加劇，成爲深刻的問題。森田對清初以前造成這種現象之具體過程，與爲恢復該湖之功能而一再從事復舊工作的情形作歷史性、政策性探討後，提示了如下之幾點見解，作爲今後作更進一步之探討時的線索。

(1)霸佔其作爲一般性水源之湖水的行爲，對直接利用湖水之農民們的影響至深且鉅，它成爲左右某一地區之農業生產力的決定性因素，在這種情況下，雖終歸不出地域的、經濟的範疇，只因練湖具有「官湖」性質，故其盜湖問題就不得不具有國家的、政治的色彩。

(2)明末清初似爲盜湖問題之多發性時期，這種現象可定位於當時鄉紳地主集聚土地，亦即將廣大土地集中化之一環。就練湖而言，其中心人物固爲鄉紳，卻可謂屬於下層鄉紳階級，只因他們缺乏步上宦途之現實的可能性，乃走上追求經濟利益之路。

(3)鄉居士紳所爲地域社會之支配，乃是以個人的經濟力量爲基礎，透過一家眷族之專屬獨佔地方衙役來做族的結合，從而掌握權力機構之末梢來實現。另一方面則與知縣、知府等地方官員結合而構成其一翼。在此情形下，即使是國家頒布的法令，要想用以貫徹湖禁，也非常困難。

(4)復湖派的勢力，可能係以布政使、巡撫等地位較高的地方官，和直接利用湖水的業戶爲中心所構成。他們雖有復湖之相同目的。只因他們兩者之間既無直接的結合關係，其階級的利害關係也不一致，故存在於復湖派內部的間隙，才是難於實現復湖之終極目的之原因所在。

(5)湖田由盜湖地主等來經營、維護，其權利關係則根據湖田之開墾過程的具體方式來規定，形成了多重結構。盜湖有獲得實際上的所有權後，就將開墾工作委諸佃戶階層，佃戶又把開墾的實際工作轉包給別人分擔，至其繳稅或繳地價的義務，都會被轉移到更下層的人士身上的現象。

(6)清朝政府的基本立場，就是透過農業生產力之安定，來確保稅糧，亦即努力加徵。這種立場，就成爲雙峰之利刃，即一面朝著維護湖水——復湖的目標走，一面又使之步向盜湖——廢湖化——開闢財源。其以包認錢糧方式來達成復湖目的的作法，即是明證。

(7)由個別形成的鄉紳支配，被認爲其私人的，分權的志向被抑制、收斂，從而成立作爲體制之鄉紳支配體制。練湖之盜湖問題的整個經緯，是否可認爲是形成這種地域性鄉紳支配體制的一個過程？

3. 清代淮安的都市水利

森田明教授以爲前此有關中國水利史的研究，多以農業灌溉或治河、治水等問題爲對象，針對都市水利的研究成果則絕無僅有，惟至近年，斯波義信認爲：「殖民，都市化、人口壓力、土地、資源利用等社會性條件的產生，成爲在原已開墾的土地上尋求安定之水利，及催逼從事劃時代的改良之導因」，而「交通、運輸、通商、課徵租稅與其重新分配」，開發農田、防災、自來水、污水處理等，與水利發生關聯的地域性組織之能夠最有效的發揮功能的，就是地域性核心（core），從而提出以水利爲中心的地區之都市綜合化的視角，而此事已引起大家的注意。在這種地區，自古以來就一貫的具有低地指向和水路指向。據說其在自然環境方面，則唯有一個道理的選擇交通功能之樞紐。斯波復從這個觀點，曾以江西省宜春縣的李渠爲例，闡明了集中於地域核心之水利組織具體的管理形態。

另一方面，在一系列有關賦役改革或鄉紳的研究裏，一向都將其對象放在農村。惟至近年，由於農村人口減少，都市人口增加，地主城居化等社會變遷的結果，便有人開始注意：都市本身到底發生甚麼問題？或者居住於都市的士兵、遊民、無賴等下層階級的民衆之動向如何等，而嘗試闡明都市社會的情態，此事雖與水利無直接關聯，卻值得我們注意。森田被這種研究動向所促使，在本章裏，即透過水利問題，以接近（approach）都市社會研究。至其具體的研究對象，則選擇淮安府城。

森田說：自從隋朝開鑿名爲山陽瀆的運河以後，淮安便成爲輸送租米至首都的轉運站而顯著發達起來，元、明以後，因它地屬要衝，所以在此置漕運司，派遣漕運總督、漕運總兵官等駐紮於此。並且與漕運管理同樣成爲在國家經濟發展上不可或缺的地方。

淮安不僅爲轉運稅糧的重地，而且自明代中葉至清代中葉之間，成爲商品流通之要衝。以新安、山西商人爲始之各地商賈蝟集而極爲繁榮。因此，也成爲交通都市、經濟都市而受注意。其由工商業之繁榮而來的都市發展之基礎，在於都市人口之增加，據說此一傾向在明宣德年間已有其徵兆。不用說這種現象與農民之離開土地，農民社會之變遷互爲表裏。這種現象在當時成爲經濟先進地區的長江下游尤爲顯著，而淮安等運河沿岸地區亦復如此。

淮安府城是由舊城、新城、聯城等三城所組成。舊城建於東晉義熙年間（四〇五～四一八），南宋初期修復，新城在舊城之北一里處，係宋之北辰鎮，元之山陽縣城，爲元末張士誠所改築。明嘉靖三十九年（一五六〇），爲聯結新、舊兩城而築聯城。

淮安府城爲淮河（更有黃河）與漕河所夾，自嘉靖以後，每年都受水災之苦，故與開鑿清江浦之同時，自清江浦至柳浦灣的新城之北方，築東西長六十里的西長隄，以防黃河水流之南侵，又從武家墩經大澗、小澗至阜寧的地方，築長二十六里的高家堰，以防淮河之水南侵，此兩隄的築造，除謀維護大運河之安全外，也企圖從黃、淮兩河交匯地區的潰決中保護淮安府城。

淮安府城的水利設施有城外渠道與城內渠道。就前者而言，自該府城之南三里處引運河之水的澗河，從城南向東流七十餘里，經流均溝注入射陽湖。其功能就是：爲防因黃、淮兩河之漲溢而來的運河高漲之水衝擊府城，所以它是分水渠。此外，尚有城東之壽河，及澗河，以分運之水流。當澗河淤塞，洩水功能減低後，乃於澗河之北開鑿市河，並於澗河設龍王閘，使澗河之部分水量流入市河。結果，城內積水便得以急速宣洩。

就後者而言，其渠道全長二千五百餘丈，通內外的水關共有九處。惟那些水關或因水患而毀損，或爲防寇盜而封閉，致不復如舊。城內雖有興文閘（文渠閘），龍光閘（巽關）等，卻因淤塞，或爲防寇盜而關閉，給城內水利帶來困擾，故除將淤塞者加以疏浚，或請求開放其被關閉者，森田對上述各渠道的情況與變遷均有詳細的論述。非僅如此，對於城內、外渠道之管理情形也作一番考察，認爲其從事水道之維護者有舉人、廩生、廩貢生、縣丞、知州、知縣等鄉紳或地方官員。

在淮安府城裏，市民日常生活中不可或缺的，就是名爲文渠之多用途渠道。該渠道的管理，明末係由地方官員倚靠公款之直接方式，清代則轉移到城裏的士紳階層、商人、舖戶、居民等自動管理營運，而在同治年間所見「分圖輪管」方式，應可說是它的典型。

4. 清代蘇州工商業的發展與水利功能

明代，尤其是中期以後的江南地區之經濟發展迅速，蘇州成爲此一發展之中心而繁榮。明末的蘇州有高度的生產與肥沃的鄰近農村爲其後盾，所以它不僅成爲地域經濟的中樞，也是全國性商品流通之據點而爲全國最大的市場，非但如此，各種商品之加工手工業也非常興盛。

與蘇州這種生產，流通等經濟活動，及市民生活有密切關聯，作爲運輸、交通路線與夫生產，生活用水而不可或缺的，就是該城內外的水利——水道。因此，森田明教授在本章所考察者，係以蘇州府城爲中心之城裏、城外的都市水利之結構與功能，營運管理，以及與水利有關之社會問題，他期望此一研究能夠成爲近年逐漸興盛的都市史研究之一環，並對此一研究領域的發展有所貢獻。

自古以來，長江下游的三角洲以絲織品產地著稱於世。惟至元代，當栽培棉花的技術傳到此一地區以後，因當地氣候條件與絲織品產業之技術性傳統，使此處棉業的發展一日千里，至明代中期就成爲中國最大的棉布產地。

這些栽培棉花與棉紡織業，養蠶與繅絲、絲織業在昔日王朝之以江南爲其財政基礎，對它從事稅、役上的剝奪，和逐漸激烈化的地主與佃農之間的矛盾，以及向農村之滲透逐漸深刻的貨幣經濟下，便成爲農民們爲維持自己生活不可或缺的副業之小商品而發展、普及起來。尤其是棉布在當時已成爲一般民衆之衣料而逐漸普及，並且具有形成全國性規模之市場條件與潛力，所以此一地區生產的棉花或棉布，便由商人搬運到全國各地去銷售。在這種情勢下，都市及新興都市聚落之鎭市，就以這種農村棉業之劃時代發展，和相關商人之活動爲背景，成爲流通經濟之主要環節而發達起來。長江下游雖有以蘇州爲始之松江、常州、湖州、嘉興、杭州諸府，但其中心都市卻是蘇州府（吳縣、長洲縣、元知縣），蘇州至遲在唐代中期以後，與杭州同時以新興都市的姿態出現。迄至宋代，則隨著商業活動之成爲全國性，和對外的活躍化，遂成爲江南、沿海都市之一而步向更繁榮的道路。

之後，蘇州因元末明初之戰亂而曾一度荒蕪，至成化年間方纔逐漸恢復往年情況，發展成爲上述那種商品經濟的一大中心。並且從明代中期至末期之間，它便以「商賈輻輳」之大商業都市，抑或以輕工業都市穩健的發展，據說至萬曆年間則臻於一個高峰。

在有明一代，除北京、南京外，尙有蘇州、杭州、福州、廣州、武漢、成都、重慶、開封、濟南、臨清等三十多個大工商業都市，而從明清時代流行的諺語：「上有天堂，下有蘇杭」，當可推知在那些工商業大都市中，蘇州特別繁榮的情形。

蘇州府西有太湖，它處於將該湖水排出東海，及兼具海、湖水之調節作用的運用縱橫著的三角洲地帶。這種水路網的發達，完成了交通、運輸的任務。所以很明顯的，那些運河對蘇州的經濟發展具有重要意義。四周的城牆外側環繞著運河，從江南各地流來的十八水路之水與它相會，其自閶門向西流的，至楓橋與大運河水相會，且與南京、金壇方面相通。自蘇州城之東南隅向南流者，則在吳江附近橫越大運河，然後經崑山、安亭、黃波，至上海流入黃浦江。這許多城外的運河之水當然流入蘇州城內，與城內水道相接。這就如所謂：「城內大河三橫四直」似的，蘇州城有通往東西方的第一、第二、第三運河，和通往南北的第一、第二、第三、第四直河成為主要水道。

上舉這些水道不僅在物貨之流通、運糧、交通上不可或缺，而且也是提供居民日常所需之水的水源，因此，它們對江南有數的經濟都市蘇州而言，用途非常廣泛而且多元，與之同時，在市民的日常生活中，爲維護其安全而不可或缺的，就是防火用水。

蘇州府城內外的河道雖具有多種功能，能夠滿足公家與民衆日常之所需，但日子一久，難免淤塞，影響平日之生活與各種活動，所以非加以疏浚不可。森田在此，除探討其淤塞原因外，也論述其疏浚的經緯，更附圖以補充其說明之不足。

森田在文末說：本章乃透過河道、橋樑、碼頭等水利功能與夫對它們之管理情形，來考察清代蘇州之經濟發展與水利的關係。蘇州所具有活潑的流通據點之功能，係由流通活動不可或缺之水利設施之圓滿的管理來維持著。那些管理雖以官方之某一程度的支援爲前提，其實是倚靠蘇州之邑紳或商人者爲多。

5. 清代常州的浚河事業

有關中國都市歷史的研究，與農村研究比較起來，雖無法否定其尚有許多未開拓的領域，但近年來中、日兩國學者多方面的從其側面加以探討的結果，已獲相當成就。都市研究雖有其時代的問題性，然其重要課題之一，在於闡明明、清時代都市之經濟發展，與隨此而來之都市功能的多樣化，及多樣化之結構、營運等。尤其在明代中期以後，與所謂資本主義之萌芽發生關聯而發展的蘇州、南京、杭州等江南各都市受到注意。然這些研究的視角，係放在上述各都市與往日農村社會之關聯上，對都市本身之研究卻有被忽略之概。當農村人口減少，都市人口增加，地主的城居化等社會變遷的結果，都市本身到底發生甚麼問題？像這種都市社會本身的研究實有必要。因此，已有人提出：在工商業繁榮下，一般中下階層的實際情形如何？城居化的地主或鄉紳，或紳商等，在都市行政中到底扮演著怎樣的角色等問題來。森田明教授認爲透過這種複雜化的都市行政上、社會上功能的營運，來探討其結構性特質的有效方法之一，就是闡明都市水利應有之狀態。森田在本章裏，係以江南太湖北邊的經濟都市常州爲對象，並透過其成爲重要行政功能之一環，以城內河道爲中心之浚河事業的考察，來闡明常州之都市營運方式與其特色。

常州位於所謂京杭大運河之南，即位於自杭州至鎭江的江南運河之北。故其北邊是經丹陽、丹徒至長江，南邊則經無錫、蘇州至杭州，所以常州既位於聯結南北的大運河之衝要處，也是以大、小運河與太湖之東、南部的江南各地相通之環節。另一方面，自南宋以來，常州即以「魚米之鄉」著稱於世，與松江、蘇州同爲江南的經濟中心，在生產、物質流通得天獨厚的條件下，常州的經濟地位，可說在整個明清時代都很穩健的發展著。

常州固爲江南經濟中心之一，但其發展有賴於它處在運河，及其他水路爲基礎之物貨流通上的地方極多。而其南門外的城濠與西門外河，乃商民爲聚集於府城內、外之各種舖行的交通、運輸之重要路線。其在舊外子城之金斗門譙樓附近的金斗坊雖「百貨紛攜」，然其商業活動之熱絡卻有賴於玉帶河、惠民河等內河疏通之處頗多。

不過常州之經濟發展，就如所謂：「東南之水利以興，人民生活得以安定，生產得以發展」似的，與作爲交通、貨物流通途徑的府城內、外之河道水利無法分割，故這些河道的水路維護──浚河事業，實可謂爲常州地域社會之重要課題。

森田以爲常州府城之內河網共分六個系統，它們與城濠一樣，均以運河爲其水源。城濠雖開鑿於明初，但自正德以後越是接近明末，其淤塞情形便愈益嚴重。其所以如此，可能與常州之在明末發展成爲流通都市有密切關聯。

森田說，在史料上能夠確認的常州之浚河事業，以清代爲多，因此，他就利用那些資料來探討此一時代的各次浚河之始末，即倡議者、捐款者、施工的方式、規模、及其相關事項等，然後下結論說：

(1)常州位於大運河旁，所以它既是南北遠距離貨物流通之轉運站，及以運河聯絡經濟的先進地帶之太湖附近的，江南各地之區域性流通中心，也是以產棉爲主之生產都市。在這種環境裏，非僅常州之經濟活動，就連市民的日常生活，其有賴城內外之河道者頗多。因此，河道管理──

浚河工作乃爲常州在經濟發展上不可或缺者。

(2)在明末淸初以前，常州的浚河工作具有往日徭役的特性，惟自康熙年間後半起，至乾隆、嘉慶年間，則在基本上以官項之支出爲主，部分倚靠捐助。迄至道光以後，對官、紳的捐助之倚賴成分增加。其隨著太平天國之亂而來的城河淤塞之惡化，使此一傾向更爲顯著。在淸末則又有商捐、房捐、茶館捐、鋪捐等新名義的捐款上場，其比重佔了所需經費之大半。這種疏浚工費來源的變化，可謂與淸朝政府的財政窘迫，和常州之經濟發展相互對應著。更有進者，這種以商民爲募捐之直接對象的各種捐獻成爲工程財源，卻竟未遭反抗而被接受，此一事實似乎表示這種工程對市民們的利害關係非常密切。在他們的意識裏，已對包含水利在內的都市行政之重要性有所覺悟所致。

又，森田在此附有康熙《常州府志》，卷一，〈圖考〉所錄「常州府城圖」，使讀者能夠對常州府之整個水利系統有更進一步之瞭解。並且他也根據〈郡城浚可收款總帳〉，〈郡城浚河逐段寬深丈尺土方及用款總帳〉，表列光緒十二年浚河時之收支情形，及其施工內容。

6. 淸末上海的河工事業與地方自治

宋代以後的江南三角洲之水利，因隨著在經濟上所具有全國性的重要性增加，所以學者們便從各種角度來加以注意，而且有許多研究成果。尤其有關明末淸初的劃時代之歷史性關聯方面的研究有各種各樣的集中性成就，乃爲衆所周知之事。惟就淸末之江南水利而言，其成爲中心地點的上海在鴉片戰爭以後，因外國資本主義者之入侵，致一方面成爲政治上、經濟上的壓力之據點，另一方面則中國本身之爲對此一事實而謀求近代化而居於領導地位。就這種意義上言，它雖蘊含著許多問題，卻未曾加以闡明，僅有大谷敏夫從董事制的關聯上來考察清末江南水利之慣例而已。

清代江南三角洲地帶的河工事業，幹河與支河的實施方式有異。自從明代里甲制下的徭役，亦即在明末革除塘長以後，支河的管理方式，係根據「按田出夫」、「業食佃力」的均田均役法來實施者較爲普遍，惟在中期的嘉慶年間以後，基本上雖仍根據均田均役法而爲，然其所需經費之倚靠民捐（商捐）的比重逐漸增加。與之同時，對於河工事業的營運，也以所謂董事體制方式來實施，這點值得注意。董事乃在國家權力統治鄉村的重編過程中所確立鄉圖制下創設的官職之一，係從當地的身家殷實，辦事公正之鄉紳階層選任。亦即將這種董事納入地方行政之一環，以謀加強水利之營運與管理。

森田明教授在本章探討者，並非像三江那種主要河流，乃是浦東之支流，尤其以「馬家濱」爲中心的河工——疏浚工程，及由此疏浚工程衍生之抗工鬧事問題，來探討、闡明其與作爲近代都市的上海所具有之固有歷史條件的關聯，尤其是它與形成地方自治之接觸點方面。

江南浦東之馬家濱的河工，其實施方式與上述者相同，在康熙十六年也以同一方式，由知縣任旦負責疏浚。嘉慶二十二年，咸豐三年的兩次河工，基本上也都適用均田均役法。不過值得注意的是在嘉慶時的工程，除均田均役的負擔外，其部分經費來自捐款，此事與江南水利之一般管理傾向相符。

惟在咸豐三年疏浚時，馬家濱之南匯縣方面的河道，疏浚得不十分徹底，而在那以後發生的太平天國之亂，對江南也有所波及，故直至光緒三十年前後的約五十年間，始終無法把疏浚工作做好。在此情形之下，馬家濱的淤塞情形之日益嚴重，是無庸置疑的。其淤塞情形既然嚴重，乃呈請上海縣疏浚，以確保農商之利益。在呈請後未施工之前，復由閔起鳳、顧名驥等人呈請以商捐及各商舖之月捐的勸助銀爲財源，計畫自光緒三十二年正月起，以一年的時間來疏浚。惟因受張秋揚、趙連城等人之杯葛、抵制，致此一疏浚工程曾遇若干波折。雖然如此，對整個疏浚工程並未造成很大傷害，森田對此一抵制事件的經緯作了詳細的剖析。與之同時，他也言及它與稱爲清末上海的固有條件下形成之地方自治的關聯。

森田把以上所考察之上海，尤其以馬家濱爲中心的河工事業，放在上海形成地方自治的過程中加以定位。亦即考察在上海形成地方自治的過程裏，清末的河工事業所扮演的角色，他認爲上海步上自治之路的過程中値得注意的，就是在上海總工程局成立以前所辦善堂之存在與其功能。

善堂之設始自明末清初，最需善堂的時節在社會秩序發生動搖或重建時，上海的善堂多半設於重組統制體制的十九世紀六、七〇年代。太平天國之亂以後，地主階層爲重編其支配體制，故在設善莊、善堂方面集中了有點異乎尋常的精力，爲對應統治上的危機或爲強化組織而努力。惟如根據上海固有之歷史條件觀之，帝國主義者同時入侵的十九世紀末二十世紀初，不僅使善堂之功能更爲加強，可能也更進一步的促使其轉變爲統一的地方自治體制。

森田說，由於此一考察係以浦東地區之一的馬家濱爲對象，故難免有其不充分處，惟在十九世紀以後，江南已在清朝政府重組鄉村的過程裏確立了鄉董制度不從事河工事業，尤其在上海方面因清末之內憂外患而產生了各種矛盾，使官紳階層提高危機意識。由於該地又是帝國主義者之入侵據點，故欲阻止列強介入河工，以維護民族、國家之自主性意識，使他們實現了由紳董們所爲自治管理的加強。亦即帝國主義者從事經濟、政治、軍事支配不可或缺之河工——水道管理上的危機事態，是否可說扮演了促使上海實施地方自治的強大有力之前導的，促進的腳色？惟就上海自治之形成、發展言之，除河工外，實尙須從各方面作廣泛的探討。

7. 清末民初的江南三角洲水利與帝國主義統制

所謂江南三角洲，在水系上可析爲二：其一是從圍繞太湖之高地直接流入江海者，其二則爲從四周之高地一度流入太湖，然後以太湖爲媒介排出江南者。其中，自古以來成爲問題的就是後者，此乃隨著農業生產之經濟方面的重要性，從當地的特殊自然情況產生之技術性問題。在每年雨季所下的雨，從天目山及其四周的高地立刻流入中空處之太湖，因湖水僅從太湖之東南隅經由狹窄的凹地注入長江，於是便衍生問題，因在此時，長江下游的水位幾乎與海面相同，所以當漲潮時，海面便高於長江水面而海水倒灌湖內，致湖水僅在退潮時被排出。就這樣，湖、江、海水之相互往來便成爲河道淤塞的一個主要原因。更有進者，當在湖泊上游下大雨時，因無法在短時間內排洩增加的水量，所以不僅湖泊的水位增高，也因而激起風浪，並使江口的水位上漲。又當長江發生大水時，太湖便受其水壓之壓迫而成爲江水之蓄水庫，呈現溢水的情況。

森田明教授說，對這樣複雜的江南三角洲之水利問題，其對策有如下兩點：其一是在各水流集中之雨季的太湖之排水，爲使其排水，就要疏浚主要河川吳淞江、黃浦江等。另外一個辦法就是維護江南三角洲的圩田，亦即疏浚其作爲灌、排水通道用之支河——塘浦。不用說它們兩者之間像有機體似的密切關聯著，亦即如何將太湖之水排洩到江海，如何維護低窪地方之運河的灌、排水，以及其在運輸上的各種功能等，這些問題都非設法解決不可。

森田明教授在本章即以清末爲中心，來考察江南三角洲的這些水利課題，即河道管理——疏浚工作，尤其將其焦點對準以上海之對外開放爲契機而來的外國資本主義，及隨著帝國主義者之入侵而直接成爲其途徑的吳淞江、黃浦江之河道管理，到底造成怎樣的影響？使其發生怎樣的變化等。換言之，就是透過上海「浚浦局」之成立過程，探究那些帝國主義者對江南三角洲的水利所造成之影響。

大家都知道，江南三角洲地區的水利具有水利灌漑，及交通、運輸等多方面的功能。就如所謂：「宋熙寧七年，設市舶提舉司及榷貨場，是爲上海鎭」似的，早在宋代，上海便隨著市舶貿易之開展而成爲貿易據點，在當時已被認爲「人煙浩穪，海船輻輳」。如此隨著上海因商業的發展，其經由該地的河道之作爲物資流通路線所具有之功能，越接近明、清，便愈益受重視。惟上海內外的水利，至明末時，河道的淤塞情形已相當嚴重，非但交通或運輸方面的功能，就連防火、衛生方面等都市水利，也陷於痲痺狀態。河道的淤塞當然也會引起灌概功能的降低，致即使栽種秔種亦發生困難，故乃轉作較能抗旱的棉花或黃豆。結果，稻作面積減少不僅影響秋糧之徵收，也影響民食。因此，林則徐曾於道光年間積極從事上海近郊支河之疏浚工作。林則徐非但預料上海將發展成爲商業都市，同時也重視以長江中、下游流域爲腹地之上海在地理上、經濟上的地位，並且認爲須要確保吳淞、黃浦兩江，及其相關支流能夠像有機體似的相互密切聯繫。

上海與其鄰近地區的生產、流通之發生變化，乃以鴉片戰爭以後的門戶開放爲契機，而此一事實毋須贅言。英國在門戶開放以前的道光十二年，曾經透過東印度公司遣人來華，調查、測量黃浦江。英國之此一作爲，當係早已注意到上海在貿易上的地位。因此，隨著上海之對外開放，資本主義者之各種商品便開始流入。

對外國輪船之出入而言，其成爲致命問題的，就是黃浦江與長江會流處的吳淞江附近之內外有兩處淺灘。因此，在上海的外國商人實業家團體乃於同治十三年提議修築上海港。光緒二十五年，則由外國人實業家、商業總會、船舶業者及市方面各推委員二名，海關派出一名共九名，徵求北京公使團的同意，結果成了懸案。

對歐美資本主義而言，修築上海港及疏浚通往該港的河道，不僅事關經濟上或商品流通上的利害，同時也還有超越這些問題之政治的——帝國主義者的統治問題。所以歐美列強雖對修築港口與疏浚河道問題提出強烈要求與提議，但清朝政府在光緒二十七年以前，至少實施某一程度自主的政策，非但無意迎合他們的願望，反而懷有拒絕之意。後來，列強的要求雖以辛丑條約之附約，成立了「黃浦河道局」（浚浦局）而在制度上實現，卻因清朝政府認爲其內容侵犯中國主權，致無法順利運作。由此一過程所見列強對河道支配的加強與擴大，實與帝國主義者侵略中國之結構性次殖地社會之成立過程相對應，故帝國主義者之此一作業，實可謂爲其侵略中國之一環。

8.民國時期的江南圩田水利問題

中國在十、十一世紀的宋代以後，因開發圩田、圍田、湖田等所謂「水利田」，江南三角洲便成爲農業生產的先進地區，從而成爲元、明、清各王朝的經濟基礎地域。此一三角洲地帶的水利特殊重要性，與其說是因水之利用、分配而來的灌漑問題，無寧言是爲調節過剩水量，尤其是排水問題急須解決。

對以排洩多餘水量爲主的圩田水利之作爲工程學上的對應之水利事業，其重要措施有：⑴維護、修築爲防水而築於田畝四周之圩岸——隄。⑵疏浚使水流通之水道——運河。⑶排除圩田內部的積水或過剩的水量，但對於爲調節水量而設於各處之水門——閘的維護與管理，也非常重要。就圩田水利之管理要訣而言，如所謂三吳地方之水利係修圍、浚河、置閘鼎足而三似的，對此三者作機動的管理乃是不可或缺，如果其中的任何一項做得不好，則作爲整體的圩田水利，便無法確保其順利的營運。

在上舉三項中，圩岸之維護、管理，居於首要地位，這就如：即使水門毀壞，運河之疏浚工作被遺忘，圩岸之維護工作卻每年都要進行。因此，圩岸乃爲圩田水利之基本設施。雖然通常每年也都會修築圩岸，卻或因其規模矮小，致捍水功能不充分，或因圩岸之土質疏鬆而使河水容易滲透，所以河水一旦高漲，或水勢兇猛時，圩岸就難於抵擋而潰決。

當圩岸一旦潰決，大水衝入圩內時，由於圩田的外圍高而內部則成低窪的鍋底狀，而圩田便呈現一片汪洋，所以即使周圍的若干高亢地區可以不管，但幾乎所有的耕地都必需很快的予以排水，否則不僅無法期望有所收穫，而且無法利用該土地。

排除圩田內的積水，除防止圩岸之潰決外，自春至夏之間的季節性雨水所帶來的積水，也必需加以排除。但無論積水的原因如何，圩田的排水問題，上述鼎足性的設施管理雖可作定期檢查，然積水問題卻非經常性而難於捕捉，故解決排水問題實遠較修築、維護圩岸更爲緊急而迫切需要。

另一方面，古島和雄曾謂：「有關水利的問題，其緊要處全在排水方面，尤其在復種之際栽種麥類時，此種問題更大。如要確保一年收穫兩次，唯有於收割水稻後，在地裏培起壟來才有辦法做到」。因此他認爲圩田的生產力，就復種——種麥而言，它之能否栽種成功，排水就成爲它的決定性條件。所以爲要加強圩田之排水功能或提高效率等問題，便嘗試謀求種種對策或方法。當前最接近於解決此一方面問題的方法之一，就是作爲工程學對應的分圩，其二是作爲技術性對應的排水技術(器具)的改良與引進。

森田明教授在本章所企圖者雖在於考察後者，卻在此簡單說明前者之分圩問題。如果圩的規模過大，則一旦遇到雨水，就會令人茫然無所措，所以便在其中用徑塍——小岸劃分爲小圩。一圩的規模，大約在頻湶——水邊淹沒處爲三百畝上下，間湶處則爲五百畝上下云。此外，分圩則是便於排水而將大圩分成小圩，將長圩分成短圩者。此種分圩政策都在公權力的積極支持下進行。

這種分圩固然爲提高排水功能而從技術上觀點來推行，但我們實不能忽略在採取此一措施的背後有如下之事實存在：亦即在明代中期以後，隨著昔日在當地掌握著共同體的水利秩序之鄉居地主階層沒落，圩田水利的管理也就不得不從他們轉移到小規模的農民身上。所以在這種條件變化的規範下，爲對應此一變化所採取的管理措施，就是分圩。

然而就如前文所說，從明代中葉起至清代中葉頃爲止，雖始終實施著分圩辦法，但在那以後則幾乎看不到。在目前，其理由雖未必明瞭，惟可能是到清代中葉前後，對於排水方面之工學上的對應已到達了界限。可是這並不意味圩田的排水問題已獲全面性解決，實際問題依然存在，而這種問題之解決，實有待日後排水技術的進步。

森田認爲江南三角洲的大部分地區都用水車、戽斗、桔槔等靠人力的器具汲塘、浦之水灌溉，排水亦然。迄至民國以後則逐漸引進幫浦。引進幫浦的結果，提高了作物的產量。

森田在此除論述灌、排水器具之所有形態外，同時也探討江南圩田引進灌、排水機器之過程，那些機器對生產力所造成之影響，及因引進這種機器所發生之鄉紳、富農們與中小農民之間的對立等問題。

三、第二部　華北治水灌溉的各種問題

1. 清代山東的民唸與村落

日本學者横山英、神戸輝夫、福田節生等人對清代後期，尤其對咸豐末年，發生於山東地方的許多有關抗糧、抗官的問題，已發表其傑出的分析研究結果。如據神戸輝夫的考察，則從事那些運動的中心人物，就是自耕農階層。並且隨著自耕農階層之推廣程度而可見其運動之昂揚，在地域上則以魯北地區成爲它的典型，由於該地區自耕農之瓦解已開始惡化，致成爲雇農者亦多，其大部分自耕農已淪爲只有狹窄面積之田畝者。結果，他們爲求生存而奮鬥，同時也與抗糧、抗官運動發生直接的關聯。

上述情形不僅魯北地區，在基本上除部分魯南地區的整個山東，亦復如此。不用說其成爲本章所要考察之對象的山東北部之黃河流域一帶，也是其中一環。這些黃河邊緣地區在與治水關聯上，係處於特殊的地域條件下，而且在社會經濟和政治上所顯示的矛盾，比其他地區更爲明顯，故分擔了特別有力的部分任務。

基於上述原因，森田明教授在本章所探討的範圍侷限於該地區，並透過與治水的關聯，來考察山東地方村落之實況。

成爲中國最大治水對象的黃河與長江，係根據在地理上特性之差異來處置，故在治水對策上有顯著的特徵，亦即黃河的水流沒固定流道，往往隨著氾濫而變遷，無法作固定的把握，故難管理。清代黃河，初時的河道水深、流動而水流正常，惟至後來，土沙、淤泥漸積，致河道閉塞。爲防氾濫，就不得不謀求治水對策。黃河第六次改道後的十九世紀中葉，適逢太平天國之亂，清朝政府無暇顧及治水問題，故居住該流域的民衆不得不自築隄防——民埝以自衛。

山東省境內的黃河流域之治水，沿隄有所謂「隄」、「埝」之分。其區分方式不僅根據規模的大小，管理方式亦復有異。也就是說，隄以「官修官守」爲原則，埝以「民修、民守」爲原則。埝之所以通常被稱爲「民埝」，不外乎爲對應隄之爲「官隄」所作之區別。至於民埝與官隄之間的關係，則民埝係在官方設置、管理的大隄內之河床肥沃淤沮地上構築，以防被水流沖毀，從而維護其利用之目的的民間私設的隄防。大隄——官隄與民埝之間的間隔，自十里餘至百里不等，其間土地既用以種植——耕作，也有許多民衆居住於此，形成稠密的鄉村或集鎭。

黃河南北兩岸的大隄內原有一定的灘面——淤沮地，作爲所謂「容水之地」——「棄地」，此乃爲治水而故意閒置著，以備河水之高漲，以容納其增加之水量，從而防止隄防——大隄之潰決，亦即把它當作緩衝地帶——洩洪區的安全措施。民埝則是將這種在治水——治隄上不可或缺的「容水之地」恣意加以破壞，以謀獲利之獨特防洪設施。

民埝固以「民修、民守」方式管理爲原則，惟在現實的黃河治水對策上，卻因其自然條件的關係，不得不以維護、管理它爲優先，所以在實質上，對其管理方式與大隄並無二致。「所謂民埝，……就是將其築造委諸人民之手，然如放任不顧，則如果人民不察形勢，擅自興工而適逢其決壞，則有妨礙其他工事之虞，故使地方官負監督其轄區內的民埝工程之義務」。即政府對民埝的立場是直接或間接的參與其工程或管理等。

對民埝之修培問題而言，最重要的就是經費的籌措方式，基本上，是由受益農民來負擔。然民衆的經濟能力有其界限，所以無法負擔所有經費。爲彌補「民修」資金的界限，便由政府給予財政上的支援。惟此津貼之支給方式並非全體一致，乃是根據各村之經濟能力來發放。

對於民埝的管理，除事後之修築外，事前的警備督辦亦爲其重要的一環。因此，在民埝之各處加以適當的分段，並派人看守，由營勇駐紮負責警戒防護。在潰決的危險性較高之「險要處」，則以平時由地方官負責儲備構築隄岸用的材料，一旦有緊急工程，就在官方的督率下，除民夫外，也動員營勇共同修護。

其爲民埝所包圍的村落，對內係透過治水管理功能，加強內部的、共同體的結合，對外則完成防衛的、戰略的功能。因此，民埝乃埝民之綜合的存立基礎，圍繞於其管理上的居民共同體的結合，乃爲自衛的組織村落聯合之紐帶。

上述在清末、同治年間，山東省一再發生的抗糧反官運動，乃以村落聯合爲組織基礎之村落自衛手段，村落聯合則是維護鄉民的集團利益之獨立自主組織。以民埝爲基礎的村落聯合，就是在那種運動組織中，可以定位爲最爲有力而且尖銳之一環。

2. **清代華北的水利組織與其特性**

在《歷史學研究》雜誌上，曾經一再刊登有關華北之水利組織的結構性與其特性之具有爭議性論著，其對這些論著作研究史的整理，則由直接參與此一論戰的好並隆司所完成，好並的論點是：⑴水的所有權。⑵水利設施應如何定位？⑶水利組織的結構如何？它與村落之間的關係又如何？⑷村落的階級對立與此組織的關係又如何等。好並以為這些論著乃欲克服前此所發表之舊的水利論，而具有新視野與問題意識者。與此同時，也否定中國社會之停滯性，而欲探究其內在的發展，因此，他們並不偈限於對別的事相作實證的闡明，其對作為方法論上的問題，也提出了中國封建史研究之某一程度的有效視野——揭露國家、水利組織、村落等三要素——而給予其論爭之意義以正面的評價。惟就如好並所揭露者似的，那些論爭的結果僅提示問題之所在，或問題之視野的角度。在那以後，由石田浩揭開上舉有關水利問題的論爭，而期待著有發展性的繼承，結果，便可集約如下論點：(1)對水利權的理解。(2)水利組織幹部之特性。(3)水利組織與村落之間的關係。(4)水利組織與國家之間的關係。

森田明教授說，他也一向對水利組織之結構與其特性表示關心，並認為如要探究中國水利組織之普遍的、基本的特性，則對於華北方面的問題之考察似乎是不可或缺的。故為石田所提問題所促使，在此探討華北的問題，尤其是山西省的通利渠之管理組織，並對準著上舉各種問題來進行。

森田在本章所作之探討，係透過《渠冊》來考察跨越山西省趙城、洪洞、臨汾三個縣境的水利組織——通利渠之結構、管理、營運等問題。

通利渠乃無論其設施或渠水都是以共有為基礎之渠戶（水與土地之所有者）為其共同體之水利組織。其範圍及於該渠流域之十八個村落，田畝面積多達兩千一百餘畝，對其管理則將全渠分為四個區段，每一區段各有一位渠長而共由四位渠長來負責整體性管理。至於看守與維修各種設施，徵收經費，籌集夫役等實際營運工作，則倚靠各村之溝首與甲首。其擔任渠長的，未必須要擁有土地等經濟條件作基礎，而需具備高尙人格等信義與聲望。然在事實上，係由以鄉紳階層爲中心之地主、富農在支配水利的事實無法加以否定。渠戶——用水戶雖可按其所有水地面積而享有用水權，卻與此相對的非負擔夫役與經費不可。

通利渠與各村落之間的關係，乃自灌溉田畝爲始，舉凡推選幹部，分攤經費，徵收以及管理、維護其各種設施等，無不以各村爲單位來營運，通利渠本身雖具有作爲水利組織之獨立自主的特性，但在營運上卻完全倚靠其爲基層組織的村落之功能。另一方面，村落也完全經由水利組織的協助，完成作爲村落本身之部分生產功能，就這種意義上言，通利渠實可謂具有十八村之村落聯合的特性。

那麼，通利渠與官方——公權力的關係應作如何理解？在渠規裏所見之規範——懲罰規定，通利渠原本明白表示著它不外乎爲具有自律性之共同體組織，但其引進公權力以加強其規範之舉也不能忽略。雖然如此，也不能單憑此一事實，就立刻認爲這是水利組織之自律性支配的破綻，而認爲它受他力的支配。我們對於水利組織與公權力的關係，實應加以更歷史的，現實的把握。亦即公權力的介入並非直接而無限的去做，所以它並非對水利組織之主體性有所約束，乃是與此相反的在強化，以增強其共同體的特性。

水利組織的這種立場，與另一方面的公權力之立場未必會發生矛盾，亦即在華北的再生產過程裏的水，就其絕對量不足之意義上言，其重要性實較華中、華南爲大。在這種情況下，公權力之透過水利的安定來保障再生產之基礎，乃在農業生產的管理——徵稅上不可或缺之任務。尤其隨著當時的水利組織內部之矛盾激烈化而來的，共同體秩序之動搖與混亂，實不外乎為統治基礎本身之危機。

在上述情況下，公權力在基本上容許水利組織之共同體的自主性，同時也為恢復、加強其秩序，乃透過支援、補強方式，以謀維護自己的統治基礎，故公權力之所以如此，自有其積極的根據存在。於是公權力與水利組織之間便成立了一定時期的妥協。

當我們將問題作如上之理解時，宜注意好並隆司在介紹中國的封建論爭時所提：「國家並非將各四分五裂的自耕農作所謂古代的『齊民』制方式，而似乎以類似村落共同體或一個水系之水利組織來把握」，「在水利方面，堰山、陂田等不僅成為經濟上不可或缺的保證物品，並且官方的約束也涉及於此，而它們兩者之間可能有相互倚靠的關係」之假設。

3. 清代華北的水利組織與渠規

森田明教授在前一章曾透過《渠冊》來考察跨越山西省趙城、洪洞、臨汾三縣之水利組織——通利渠考察其結構、管理、營運等情形，認為要探究中國的水利組織之普遍的，基本的特性，除前此各位學者所作華中、華南的相關問題之研究外，有關華北的此一領域之具體的考察也不可或缺。

本章係前一章之續稿，乃從山西省洪洞縣求取華北的水利組織之一個事例，透過明末清初之後，在洪洞縣的水利組織所見渠規應有的狀態，與其應扮演的角色，來闡明該水利組織之歷史的特性。

衆所周知，水利組織在管理、營運上，都有某種規章，在山西的水渠，也根據所謂渠規來營運。然水利組織原以習慣法來營運，未成文化的規範為大家所接受，被當作自律的慣例來遵守。因此，如要特別將其作爲渠規來成文化時，並非將所有的習慣法都予以成文化，乃是只有特別感到需要者如此。直率言之，成文化乃當習慣法發生動搖時才會有的現象，亦即當水利組織的秩序發生混亂或鬆懈，難於維護慣行的規律時，就重新整理舊有的慣例而再予確認，以加強其強制力量，或重訂新規，以謀對應在舊規裏產生的矛盾。

當以有關渠規之這種一般性理解爲前提來看洪洞縣之渠規時，可以發現其水利組織所面臨之問題，又當探討民國《洪洞縣水利志補》所收錄多達四十的各種《渠冊》時，其最近的修冊或重修時期，除記載不明之九渠外，其他三十一渠中約佔三分之二的十九渠爲明弘治年間至清乾隆年間，其餘十二渠則在那以後的嘉慶至光緒之間製作者。上述那些渠規在此以前，可能已有某種可資依據之舊規，惟就如上述理由，後來修冊或加以重修。

各種《渠冊》上所錄列的渠規並非其全文，它們雖有若干差異，卻係約二分之一上下的「節鈔」、「節錄」，因其省略的條文把它們當作「避冗未錄」、「因無關重要未錄」來處理，所以在《渠冊》裏所採錄的條文就是「事關重要」的。這些渠規，應可認爲是反映水利組織之客觀實態者。

從各渠規中可看出其條款所訂項目之出現最多者，就是規範豪強之以實力來支配水——漠視渠規，亦即被形容爲「強截盜輪澆地」、「田地隱藏，不興夫地澆」、「落入別村地土」、「盜豁破」者。這種行爲與其說只違反規約，無寧言爲對既有的水利秩序之原理，根本的破壞。出現次多者就是違反澆灌——用水的規定。具體上，係指違反配水量，配水次序，澆灌時間等技術性規定而言。此種違規的可能性經常存在，其犯規者應該是中小地主。第三多的就是渠長、溝頭、巡水等幹部人員的違規——犯法。他們違規的內容，就是對其職責，亦即對水利設施和澆灌工作的管理之怠慢，不揭發違規，因受賄而賣水，徵集夫役不公等。這些不法情事可謂與前一、二項有密切關係。其第四多的，就是有關侵佔水利設施的規定，亦即私自拓寬、改造或撅剜水平石、渠耳、渠幫、夾口等之灌溉用水的分配設施，使自己所接受的水量增加，故可說是一種違反用水規定者。

洪洞縣登記有案的水渠有四十，其開鑿年代多半可以回溯到唐、宋，其餘在元、明時期亦已出現。它們之多數是由當地農民提供勞力與經費自動開鑿者，以「渠」爲單位之水利組織，其範圍有小自一村或不到一村者起，到十數村或超過十數村者而大小不等。由於水源關係，其規模爲從四、五村至七、八村上下，故其規模較華中、華南小。各組織之負責人叫做渠長、渠掌或掌例。一般言之，每渠有一位負責人，但也因規模之大小而有兩名或三名者。這種工作人員的遴選，以每年公舉爲原則。

修築水利設施或疏浚渠道所需勞力之供應，係以水戶面積爲準，由各用水戶負擔。購買各種工程所需器材的費用，支給渠長等津貼，祭祀費等，也胥賴所有用戶共同湊錢。灌溉的具體辦法，就是根據各戶之土地——夫數算出的使水時間，按各村別來分配，並在各該村的溝頭負責督率下實施。惟自明末萬曆前後起至清初，隨著階級分化的進展，用水戶的土地擁有情形發生變動，從而地、夫之結合關係陷於混亂而破壞。結果，地、夫、水的水利秩序完全廢弛，故可謂有實力者霸佔了水。在此情形之下，便難於維護、管理水利設施，且可能因而導致不斷的荒廢下去，森田以爲華北的水利組織在明末、清初以後所面臨的矛盾現象，實較華中、華南更爲嚴重。

4. 清代畿輔地區的水利營田政策

清代的華北，尤其以畿輔爲中心的河北，就如所謂：「近畿多八旗莊地，直隸亦京兆股肱，皆宜致之富饒，治可居重馭輕」似的，既是京師所在地，也是旗人集中的政治中心。其政治的安定，實須獲經濟富饒之保證，始能穩如磐石。

明朝建立之初，雖奠都南京，但爲防衛北方疆土，須確立其軍事力量，故不得不遷都北京，使政、經兩中心分離於南北兩地，結果，便面臨應如何謀求南北兩功能作機動的結合問題，於是在此上場的就是以漕運制度爲媒介之「南糧北調」體制，而此一體制實可謂爲明、清兩王朝不可或缺之權力基礎典型。尤其在清朝，認爲漕、白二糧係「將武力、政治力培植於其根基者」，故在原則上，將其置減稅——蠲免的對象之外。

文化與水之有密切關係，乃是世界性的，在中國則因水與人類生活之關係問題，產生對水之思想、政策與技術，並且使之體系化而形成水學。雖有人認爲水學成立於宋代，然其先驅的形態則可謂自古以來即已存在。當以歷史的、地域的觀點來看水學之開展時，則由於自古以來至隋、唐之間的基本經濟地區在華北（黃河中游），故水學也以該地的自然形態爲對象而發達，惟自唐末起至宋代之間，江南的開發進展，以江南爲對象之新的水學成立。惟以往的華北水學與江南（吳中）水學之新法，由新法、舊法兩黨所爲活潑的作爲政策論的開展，以及更進一步的步向明、清時代的發展較之，雖較不受重視，卻可謂隨著元代以後之將國都奠定於北京，便成爲畿輔水學而被繼承，以迄於清代。中國的水學原以保障政治、軍事權力之經濟基礎的安定之政治特性強，故其負責人亦以官吏爲多，且以他們作爲政策論來考量、研究爲其特徵。當然水學的內容是因其所研究之對象地區之不同而互異，就畿輔水學而言，也因地區之不同而有異。亦即可將它細分爲以近水地之治水（溝洫）爲目的，以灌溉（閘、壩）爲目的者，及以遠水地之灌溉（井水）爲目的者等。畿輔水學的中心以治水——排水爲目的之溝洫論，有如前文所述，本章則系統的探討至清代爲止的畿輔水學之內容。畿輔水學技術的譜系雖早已發端於《周禮》的溝洫法，但其與政治的、社會經濟的條件發生關聯而成立者，則在元、明時代，亦即以漕運爲媒介之「南糧北調」體制下的華北自給論與其政策化。迄至清代，則實踐這種畿輔水學的水利營田政策之開展最爲積極。

清代有關此一方面之政策的開展，以嘉慶、道光爲界而可析爲前、後兩期。前期在確立清朝國家權力，及其發展過程中，以雍正時代爲中心，在行政上、財政上積極推行其措施的階段。然在後期則因處於國內、外之矛盾與危機之中，所以「南糧北調」體制（具體上是漕運機構）也不得不面臨崩潰之危機。此一事態雖反而較以往更深刻的迫使加強及振興水利營田政策，但清朝政府已無推行此一政策之餘力，故不得不專靠改革派之務實學者或官吏，或洋務派官吏等特定的政治勢力不可。更有進者，由於畿輔地區係諸外國的侵略目標，故它有被軍事上、防衛上之目的所促進、發展之意義。

我們雖無法否定經由前、後期而獲得某一程度之政策上的效果，然而卻由於技術上、財政上囿限，致無法全面解除其所預期之「南糧北調」體制的發展性。雖然如此，在清末改革過程中漕糧之消逝，近代運輸機構之上場，以及隨之而來的米穀之成為自由商品而流通等事實，除使漕運機構之瓦解外，也使前此在畿輔地區的水利營田政策執行工作的功效相對減低。在此情形下，與消極意義上的運輸過程有關弊端的袪除等問題雖已被他律的消除，但在華北地區的農業生產力之擴大等積極意義上的課題，則依然存在而一直到現在。至於目前，則正欲將持續千年之久的「南糧北調」之歷史打下休止符。亦即自一九五八年的所謂「大躍進」以後，海河流域的居民為水利建設挺身而出，至一九七三年為止，因在其上游各地修築許多大小不同的水壩，加強了預防洪水與貯水之功效。中下游則開鑿、疏浚了總長三七〇〇公里餘之主要河道三十四。由於結合排水與灌溉的該河流域之開發，所以遂給華北倚賴江南糧食帶來變化。非僅如此，目前正開始著手「南水北調」計畫，將江南、揚州與北方的天津之間，修築長達一千一百公里的輸水道，把長江之水引至黃河以北，此乃繼承了歷史的、傳統的畿輔地區之水利營田政策而發展者。

5. **華北之井水灌溉與鑿井事業的發展**

華北的主要農作物是小麥、高粱、粟等穀物，及棉花、蔬菜等商品作物，而當地的灌溉實意味著對這些旱地作物補充水分。一般說來，利用旱地種植作物的地區水源，係以上天所降之雨為主，地下水淺的地區，則由黃土之毛細管作用而吸收地下水。雖然如此，問題在於當那降雨的年間變化率，或季節性的分布發生異常時，便立刻會發生旱災或水災，對其收穫造成重大影響，「無山無河」地區則幾乎會都鬧旱災而自不待言。因此，爲彌補降雨之不確定性，便需人工灌溉（或排水）。

井水灌溉就如《周易》所謂：「井養而不窮」似的，當時的王都大都位於高原的苦旱之地，所以爲生活與生產而似乎很早就已開發水井。鑿井在技術發展上能夠明瞭到某種程度的，據說是從明末徐光啓之《農政全書》開始。惟不論其技術上的問題如何，現實上的井水灌溉之發展與普及，在民國以前尚未顯著。

在清代後半，雖由官方推展井水灌溉政策，透過各府州縣勸導民間鑿井，但其實際情況卻是「應者寥寥」而其效不彰。其故在於農民的經濟拮据而難於籌措鑿井費。因此，爲要培養鑿井的經濟條件，除實施所謂蠲緩，亦即採減免租稅方式來實施撫恤政策外，同時也透過用公款來支援資金，以謀推行鑿井政策。

除這種由官方支援鑿井資金的計畫外，行唐縣則於乾隆年間，使每八家組織一個「井會」，俾使其各成員彼此通力合作在資金方面融通。又，就河南省伊陽縣而言，地方官員也對獎勵鑿井工作表示積極的熱忱，除強調無財力者之須以合力方式鑿井外，同時欲使有財力者對此一方面有所示範。但無論他們採取何種方式，這些計畫究竟收到甚麼程度的效果，實不無疑問。

華北的井水灌溉在清代後半期容或有某一程度之開展，卻由於鑿井經費之不足，與農民們對井水灌溉的好處認識不足等障礙，致其眞正的普及與發展，實須等到民國初期。民國以後，水井之所有（使用）形態可析爲：⑴一戶一井之所謂獨井，⑵數戶之土地相鄰者在某一土地上共同斥資——按畝攤款開鑿，由大家共同享有之所謂夥井，及(3)所謂「借井澆地」之借用附近的別人之水井來灌溉者之三種。出租地的水井之修築，有時固由佃農來擔任，但修築與開鑿都是由各該地主負責爲原則。在這種場合，係由有水井的土地之佃農優先用水，然亦有由其他地主之佃農來利用之可能。這些井泉的所有形態雖受鑿井費的負擔方式之囿限，惟其所需費用既因土井或磚井而有所不同，磚井也因其規模（結構、深度）之大小而異。前者簡單而如有五人，一日便可完成，後者的掘鑿則通常須五六日。就後者言之，因規模之大小的不同而所需器材與勞力亦異。據說小井的費用爲約二三百元，大井則需五百元至七百元之間。

這種水井的規模與類別當然對其灌溉功能有所囿限，就土井言之，一天只能灌溉一兩畝地而範圍窄小，磚井則至少可以灌溉五、六畝至十畝。水井的灌溉功效，除井泉之水源的大小外，與其汲水方法之不同而有很大的差異。他們通常所用的汲水器具係捲起式轆轤與水車。前者利用人力，後者則有利用人力與畜力（騾、驢）者之別。

由於有無水井的問題規範了作物的產量之多寡，故其有無也會直接左右地價之高低，當要推廣鑿井時，其所必需解決的問題之一就是鑿井費，其二就是鑿井用地，第三則爲佃租地上的鑿井問題。這三個問題乃事關民國以後的鑿井事業發展者，對這些問題的解決方式，森田係以元氏縣爲例作了詳盡的論述。與之同時，他也以位於河北省中部，距定縣縣城東方三十里之農村——翟城村爲例，介紹其鑿井事業，認爲其成果給華北農業開創了新紀元。

森田在文末說，本章「乃透過克服社會經濟之各種條件來考察民國初期，以河北省爲中心的井水灌漑之開展情形，鑿井的發展自清末至民國初期爲界而急速普及，但其所以有此發展的主要因素是甚麼？筆者以爲那是像上節所述，在翟城村所見在「自治規約」下確立村落自治組織，並隨農民的自治意識之發展而來之自動的勸農運動，而鑿井事業只不過是其中重要的一環而已。至其前提，則有該村以米迪剛（按：米迪剛曾於民國五年向省議會提出每縣各設自治講習所一處的建議，以專門培養推行農村自治所需之領導人材。）爲中心的紳民階層之自治村落組織的整備，與對其營運之積極的努力。在結果上，如僅就鑿井事業而言，農民們生產欲望之提升，與對井水灌漑之利的覺醒，應可說是促使鑿井事業發展的根本要素」。

四、附編

1. 救生船

因藤井宏曾以〈新安商人研究〉爲題，在《東洋學報》第三十六卷第一號，發表其透過客商的動向來考察明清時代的流通經濟，從而得知它在當時已擴大成爲全國性規模。這就如民國《歙縣志》，卷一，〈風土〉所謂：「沿江區域，向有無徽不成鎭」之諺語似的，在長江流域的客商之積極活動尤爲顯著。流通經濟的這種盛況猶如北村敬直在其〈清代的商品市場〉（收錄於《經濟雜誌》，第二十八卷第三、四合期，與《清代社會經濟史研究》），及中村治兵衛在其〈清代湖米流通之一個場面〉

（收錄於《大阪市立大學經濟會研究叢書》，二，一九七四）所說，乃伴隨著地域性商品市場生產的開展而來。重田德在其〈清初湖米市考察〉（收錄於《東洋文化研究所紀要》，第十冊，及《清代社會經濟史研究》，東京，岩波書店，一九七五）一文中，則以「湖南米」為例，更進一層的將此一問題加以發展性，結構性深化，用江南三角洲地帶的，生產力之劃時代的開展所必然招致之先進地帶，與後進地帶的關係來把握湖南米在全中國的經濟結構中所處的地位，並將米穀流通的中心線求之於江浙——湖廣——四川，而由此亦可明瞭當時的流通經濟開展情形。

這種以地域的分業為前提之商品流通，就如湖南米之倚靠以漢口為最大集散地之長江流通功能似的，其他各種商品的流通，也同樣要靠長江與漢水、湘江、沅江等支流、內河的河運，而客商所前往的市場分布可從「水次」的州縣，及碼頭之存否的關係來看之事實，亦可為其佐證。

長江因為經濟上的流通路，及交通要道而地位非常重要，卻在各地存在著險灘而阻礙舟楫往來之暢通。此事不僅給客商的經濟活動帶來直接的限制，同時也成為阻礙商品流通的因素。對客商而言，航運的平安與否乃會直接左右商業利潤之要素，所以一般旅客的安全雖應關切，但經常處於危險情境從事物貨流通活動的客商們，對於保障安全方面的要求之尤為迫切，乃理所當然的事情。

為具體因應此一方面的要求，雖開發，利用水患之憂慮較少的陸路，或鑿毀橫臥於河中的巨石以整備水路等措施，但無論採哪一種方法，不僅在時間上或經濟上成為負擔而犧牲很大，在技術上也難免有其界限和困難而難望有治本的對策。即使無法求得治本的方法，但為以某種方式來因應其要求，乃在險灘的危險地帶設置救生船。當發生水難時便立刻從事救助遇難者與打撈貨物，並透過事後的處置，使人員的傷亡與貨物的損失減少到最低限度。

各地從事救生工作之設施有「拯溺會」、「好生堂」、「積善堂」、「同善堂」、「與善堂」、「敦善堂」等不同稱呼，其中也有兼營育嬰堂、施粥所的。康熙十五年設於湖北省宜昌府，二十二年設於江西省南昌府者，當係其早期例子。就其創辦者言之，既有地方官員，民間篤行家，慈善人士，及由此兩者共同設置者之分，然即使由官員所設，也是經個人之協助而成立。至其產生的歷史，可能由於官、民之奉獻的慈悲、施惠之心，或由於部分地方利用者之實利的要求而發韌。故其初時的規模既小，救生能力也薄弱，設置地點也侷限於某些地方而已。

此後，救生設施雖一直在增加，卻因太平天國之亂而被破壞，救生活動也受影響。此亂平定後，乃積極謀求復舊，無論規模或內容，都較往日更爲充實，更爲加強。但無論如何，此一事業係以乾隆年間爲界，其原爲民間所辦的慈善社會事業就被重編成爲官營之政治性社會事業，惟因官辦救生船之功能有其界限，故民間救生船同時存在之事實值得注意。

由於湖面遼闊，常設的專屬救生船難於應付隨時隨地都可能發生的意外，故爲彌補這種缺失，乃要求各種民船積極協助，以發揮救生成效。對於被救助的人則發給衣服、帽子、鞋子、襪子等。對於家鄉太遠，或負傷者則准許他們留住三日，使之安息、療養，無錢者給旅費，死者則給予埋葬費、棺木費、墓碑費等，且將其葬於義地。

救生工作所需經費有船隻建造及其維修費、人事費、器材用具費，獲救者與遇難者之善後所需費用等。其純由民間辦理者，經費全部來自樂捐，但如果即使在形式上有政府機構掛名的，其經費來源便複雜多歧。大略言之，救生事業的經費雖由社會事業通常所見之主體者方面捐出，惟至後來，則非有待客體方面來捐助不可，這種變遷遂造成救生事業本身發生實質變化，亦即財政上的主體性之轉移，使當初之民間事業至乾隆年間變成政治性施恩方面之官營社會事業。後來則因其主體的財源枯涸及官督功能之鬆懈，故客商代之而起，救生事業遂再轉變，成爲客商們保障商品流通之自營的安全機構——相互的慈善機構。

2.清代水手結社的特性

衆所周知，清代存在著許多所謂宗教的秘密結社，因宗教的樞紐之功能不同，可將秘密結社析爲兩種類型，其一是宗教以組成結社之個人精神的向上或發展爲本質，使個人之宗教願望能夠更容易達成而作此社會的結合。此一類型係以個人的目的爲主體，社會的結合則爲從屬之二義的，其他則與此相反而以社會的完成爲其本質。爲使其堅固而信仰宗教，宗教則爲社會的結合服務，惟此兩種類型畢竟是個理想，實際上是兩者相混而只有其中之一的色彩較濃厚而已。

清代的宗教性秘密結社中有所謂羅教之同一性質的同一結社，它是以華中爲中心而分布範圍相當廣闊。羅教結社的特性在整體上是屬於前者之類型，亦即其成員都擁有某種程度之資產，落地生根於其所有的土地上，並且在地緣、血緣的關係上具有安定性。因此，一般的羅教結社爲個人之集合體，其活動則似以個人的宗教行事爲本質。惟有一個例外，那就是在羅教結社中有可能屬於後者類型的漕運糧船之水手結社。其爲羅教結社的特性就是：在外觀上與一般羅教結社相同，然在本質方面，對宗教樞紐之結社結合的意義，卻有個人主義與全體主義之間的差異。雖然他們兩者都是尊奉羅教的結社，但像這種顯著的正相反之相異處到底因何而生，水手結社之特殊性到底如何？實爲一大疑問。

話雖如此，鈴木中正對這個問題，認爲糧船水手在回空時既無居處，因病死亡時也沒有埋葬的地方，爲給予作庵使生者可托足，死者可埋葬之土地所爲連名擔保，就是形成水手結社的動機。只要是有關這點的雖可認爲是相當妥當的見解，然若只是像回空居住似的休養，葬身之地等安靈之處似的，如從每日的現實生活言之，則此並非二義的問題，乃是更爲迫切的生活上之活動方面的必然性，方纔造成水手結社之特性，而在結果上給與這宗教樞紐以功能的特殊性。森田明教授在此即從這種觀點，並以組成水手結社成員的水手之社會、經濟基礎爲中心，來考察這方面的問題。

森田以爲清代中期，尤其是從乾隆末年開始所作對民間宗教結社的取締逐漸加強其壓迫。迄至嘉慶年間，清政府對於民間宗教——朝廷所謂之邪教愈益加強其鎮壓與迫害。如從宗教結社方面言之，這種政策實將他們趕進更秘密結社化，反政府的，甚至逼得他們步上宗教匪賊化之途。宗教結社本身之所以被認爲是秘密的，乃由於他們的存在是反對中央之政治力量，其集團的組成分子多遊民與無產階層，而其集團又與一般民族社會不同，成爲非積極的要素而存在，並且又不從事生產而寄生於社會之故。

就水手結社之組成分子言之，水手之多數爲從家族——血緣、村落——地緣、職業團體——職緣等溢出之所謂無業遊民，尤其是被從土地經濟上分出來的。由他們爲官營企業漕運機構的末梢所吸收，故得免爲失業之無產階級，勉強維繫著生存之道。亦即其組成上的特異性在於：形成水手集團的基礎在於被奪去謀生手段的，廣泛的遊民階層，及他們成爲水手，而給予生活手段之國家同時存在。當時政府認爲水手多半信仰邪教，常有聚衆從事不法勾當之虞，亦即有私帶兵器、殺傷武弁等反政府行爲，且會做出聚衆強奪物品、恐嚇，或以欺騙、詐僞方式歛財勾當而此事值得重視。政府取締水手們這種不法行爲的對策，就是發給稱爲腰牌的保證水手之出身、來歷的執照，以嚴禁在工作時爲非作歹，及不雇募無籍遊民。湖北省則將糧船分組，約十艘爲一幫，使幫相互稽查。採取如有一艘惹事，其他各艘全都要負連帶責任的連坐法，以禁遏其不法行爲。

水手結社之具體的活動形態，係以他們聚集的庵爲單位，在每庵組成一個小幫，各該庵的幫成爲各地糧船所屬水手結社聯合行動，就浙江嘉興府的船團言之，千餘名水手團結一致，並在腰間繫紅布以爲標幟，其中有刺青爲「水手老官」等字者，他們之間的團結力強，令人有一觸即發之不穩氣氛，致政府故意採敬而遠之的態度。這種水手結社的宗教特性稀薄，只在庵裏吃素，念經而不言邪說，故其羅教信仰似乎完全是一種樞紐上之形式而已。結社裏的各成員間之統制嚴格，凡引起事端者一律送到老官——教主處裁決，而老官掌握著生殺大權，此事令人注目。

水手結社不僅只作爲信仰團體，且具有船員工會之職業性教團之組織力，和同業公會之功能。它既有水手結社之特殊性，也負有宗教樞紐之特殊使命。

五、結　語

以上乃對森田明著《清代水利社會史研究》，一書之內容的介紹。如前文所說，作者雖曾於一九七四年使其《清代水利史研究》問世，但它是以華中、華南地區爲對象，來探討中國水利組織之地域性的各種形態，企圖找出其普遍性特質者。

本書則是作者將刊行《清代水利史研究》後十餘年間所發表之論文，及研究心得中有關水利史者都爲一卷，經由東京國書刊行會發行。

由前文可知，本書第一部〈華中水利社會面面觀〉，並非如《清代水利史研究》之從其本身之片面來把握水利組織，乃是嘗試從複雜的政治、社會、經濟等各種問題的關聯上，將以水利爲契機形成之地域社會作爲所謂水利社會，加以歷史的考察。

第二部〈華中治水灌漑的各種問題〉，乃探討在《清代水利史研究》裏未曾言及的華北水利組織之各種形態。就這種意義上言，本書便成爲前著書之補充篇什。

在中國社會史研究方面，其有比較豐富的研究成果之領域有水利社會，水利集團研究等。森田以爲本書雖根據那些先賢們的許多研究成果，並透過水利社會來檢討地域上的歷史特性，卻未能把那些成果加以充分的利用。

本書第一部之各篇什曾分別刊載於《史學研究》、《中國水利史研究》，大阪市立大學《人文研究》、《アジア經濟》等學術性雜誌，及《明清時代の政治と社會》、佐藤博士退官記念《中國水利史論叢》、《中國の近代化と地方政治》、田中正美先先退官記念《中國近現代史の諸問題》等學術論文集，發表時間則在一九七五年八月至一九八五年四月之間。第二部之各篇什分別刊在《東方學》、《歷史學研究》、《史學研究》、《社會文化史學》等學術性雜誌與其《記念論叢》，發表時間爲一九七五年七月至一九八〇年十月之間，至於〈附編〉兩篇的完成時間較早，首篇於一九五七年刊登在《史學研究》，第二篇則於一九五五年一月，發表於《東洋史研究》。